AF543787

Helena Ruthberg

Ketogenes Express

KOCHBUCH zum ABNEHMEN

Alle Ratschläge in diesem Buch wurden vom Autor und vom Verlag sorgfältig erwogen und geprüft. Eine Garantie kann dennoch nicht übernommen werden. Eine Haftung des Autors beziehungsweise des Verlags für jegliche Personen-, Sach- und Vermögensschäden ist daher ausgeschlossen.

Email: info@edition-lunerion.de
www.edition-lunerion.de

Psiana eCom UG
Berumer Str. 44
26844 Jemgum

Vorwort

Sie wollen endlich abnehmen, aber nicht auf Genuss verzichten? Voller Geschmack und dabei trotzdem zur Traumfigur? Und das soll auch im stressigen Alltag klappen? Klingt zu viel verlangt, ist es aber nicht – und mit diesem Turbo-Keto-Kochbuch finden Sie heraus, wie's klappt!

Ketogene Ernährung zielt darauf ab, durch starke Reduzierung der Kohlenhydrataufnahme den Ketose-Stoffwechsel zu erzwingen, bei dem der Körper eigene Fettpolster als Energielieferanten nutzt – zack, die Pfunde schmelzen. So simpel, so wirkungsvoll, und das Beste: Hungern müssen Sie dafür nicht, sondern stattdessen bei Protein und wertvollem Fett ordentlich zugreifen. In diesem Buch entdecken Sie eine Riesenauswahl an köstlichen Schlemmereien, die perfekt auf ketogene Diät zugeschnitten sind und Sie mit allen wichtigen Inhaltsstoffen optimal versorgen. Frühstück, leichte Mahlzeiten, sättigende Hauptgerichte und sogar kohlenhydratarme Desserts und Backwaren machen die Umstellung zum genussvollen Kinderspiel und eröffnen Ihnen ganz nebenbei noch völlig neue Geschmackshorizonte.

Guten Appetit!

INHALT

Überblick: Was ist ketogene Ernährung?

Sie haben sicherlich schon einmal von der Keto-Diät gehört und sich gefragt, worum es sich dabei handelt und welchen Nutzen und welche Vorteile diese Diät darstellt. Keto-Diät ist die Abkürzung für ketogene Ernährung und eine Form der Low-Carb-Diät. Ketogene Ernährung ist also eine kohlenhydratarme Essensweise, bei der Sie streng auf kohlenhydrathaltige Produkte achten müssen.

Obwohl diese Art der Ernährung aktuell sehr im Trend liegt, ist die ketogene Diät keines-wegs eine Neuheit. Diese Diätvariante wurde ursprünglich in den 1920er-Jahren als Therapieeinsatz bei Epilepsie im Kindesalter entwickelt. Jedoch hat sie erst seit Kurzem einen enormen Zuwachs an Popularität erlebt, insbesondere als Methode für den Gewichtsverlust. Viele Sportler ernähren sich ketogen, um einen besonders hohen konstanten Energielevel und eine Verbesserung der Konzentrationsfähigkeit zu erzielen. Auch durch andere positive Aspekte, wie ausgeglichenes Hungergefühl, schnelle Gewichtsreduktion und Muskelerhalt, gewinnt die ketogene Diät immer mehr an Beliebtheit.

Doch wie funktioniert das Ganze und welche Auswirkung hat es auf unseren Stoffwechsel? Ketogene Ernährung oder das Streben nach einem Stoffwechselzustand, der als Ketose bekannt ist, ist dem Fasten sehr ähnlich. Die Ketose zeichnet sich durch eine erhöhte Produktion von sogenannten Ketonkörpern durch die Leber im Blut aus. Dabei sinkt der Blutzuckerspiegel und kann nicht mehr durch die Nahrungsaufnahme ausgeglichen werden. In einer solchen Situation produziert die Leber als „Notlösung" Ketonkörper aus körpereigenem Fett. Die Ketonkörper agieren als eine Art Zuckerersatz, doch sie weisen vorteilhaftere Eigenschaften in Hinsicht ihrer Verarbeitung auf. Aus diesem Grund ist die Bildung von Ketonkörpern sehr gesundheitsfördernd.

ABNEHMEN MIT DER KETO-DIÄT

Wenn Sie sich dazu entschieden haben, Gewicht zu verlieren und eine neue Diätform auszuprobieren, kann es vorkommen, dass die Resultate eine Weile auf sich warten lassen. Bei der ketogenen Ernährung können Sie die Gewichtsreduzierung jedoch etwas beschleunigen. Zwar handelt es sich bei dieser Diät um ein striktes Einhalten von bestimmten Lebensmitteln, doch diese Variante verspricht sichtbare Erfolge, wenn Sie schnell und effektiv abnehmen möchten. Eine einfache Formel, die Sie sich dabei merken sollen, lautet: Fette, Proteine und nur wenig Kohlenhydrate. Die Frage, wie viele Kohlenhydrate Sie am Tag essen dürfen, hängt ganz von Ihren eigenen Zielen und Absichten ab.

Grundsätzlich gilt:
Keto-Diät mit wenig Kohlenhydraten < 20 g täglich
Keto-Diät mit niedrigen Kohlenhydraten 20 - 50 g täglich
Keto-Diät mit freigiebig niedrigen Kohlenhydraten 50 - 100 g täglich

Um sich mit den ketogenen Lebensmitteln vertrauter zu machen, gibt es bestimmte Produkte, die Sie bei einer Keto-Diät essen dürfen und auf welche Sie lieber verzichten sollen. Erlaubte Produkte sind:

•**Fettreiche Lebensmittel:** Butter, Schinken, Avocado, Käse, tierische Fette, Nüsse, Samen, Öle usw.

•**Proteinreiche Lebensmittel:** Rindfleisch, Geflügel, Schweinefleisch, fettreiche Milch-produkte, Eier, fettreicher Fisch, Meeresfrüchte

•**Kohlenhydratarme Lebensmittel:** grünes Blattgemüse, Brokkoli, Spargel, Pilze, Kräuter, Tomaten, Gurken, Beeren, zuckerarmes Obst

Nicht erlaubte Produkte sind:

•**Fettarme Milchprodukte:** Milch, Joghurt mit 1,5 % Fett

•**Kohlenhydratreiche Lebensmittel:** Brot, Nudeln, Reis, Quinoa, Couscous

•**Zuckerhaltige Lebensmittel:** zuckerhaltige Obstsorten, Kuchen, Fertiggerichte, Süßigkeiten

TIPPS FÜR DEN SCHNELLEN EINSTIEG IN DIE KETO-ERNÄHRUNG

Bevor Sie mit der ketogenen Ernährung anfangen, müssen Sie sich bewusst sein, dass diese Diät ein wenig Selbstdisziplin erfordert. Der Körper ist an den Stoffwechsel von Kohlenhydraten gewöhnt und obwohl die Ketose der bessere von den beiden Stoffwechselprozessen ist, muss sich der Körper erst wieder daran anpassen. Das kann einige Tage oder sogar bis zu zwei Wochen dauern. In dieser Zeit ist es besonders wichtig, darauf zu achten, welche Mahlzeiten Sie zu sich nehmen. Es könnte vorkommen, dass Sie sich in den ersten Tagen etwas schlapp fühlen. Aber es gibt ein paar Tipps und Tricks, um den ersten Übergang angenehmer zu gestalten.

Tipp:
Machen Sie sich zunächst Gedanken, wie lange Sie die Keto-Diät praktizieren möchten. Oft hilft dabei ein Ernährungsplan, der genau anzeigt, welche Mahlzeiten am Tag Sie zubereiten können. So können Sie sich besser auf das Essen vorbereiten und mit einer Einkaufsliste Ihren Wochenplan gestalten!

Außerdem hilft es, nur die Lebensmittel zu Hause zu haben, welche Sie wirklich benötigen. Wenn es nichts gibt, was Sie in Versuchung bringt, etwas Falsches zu essen, wird es Ihnen leichter fallen, die Diät einzuhalten. Oft ist es leichter, an einem Wochenende oder in der Freizeit mit der strikten Ernährung anzufangen, sich etwas Zeit zu nehmen und frisches, leckeres Essen zu kochen! Es wird empfohlen, ausreichend kohlenhydratarmes Gemüse, viel gesundes Fett und viele Proteine zu essen, um die Speisen so abwechslungsreich wie möglich zu gestalten. Achten Sie darauf, viel zu trinken. Neben Wasser eignet sich für den Anfang gut ein Kräutertee oder ein Bullet Proof Kaffee.

Auf einen Blick – Tipps und Tricks für den Einstieg:
•Verzicht auf kohlenhydrat- und zuckerhaltige Produkte zu Hause
•Einkauf von gesunden und kohlenhydratarmen Lebensmitteln
•Diät-Beginn am Wochenende oder im Urlaub
•Ausreichend Flüssigkeit zu sich nehmen
•Abwechslungsreiche und einfache Mahlzeiten zubereiten

Sobald Sie die erste Umstellungszeit überwunden haben, werden Sie merken, dass der Körper mit der Änderung allmählich besser zurechtkommt und das Körpergewicht sich nach und nach reduziert. Mit diesen Tipps lässt sich die ketogene Ernährung leichter gestalten!

Frühstück

OFEN-AVOCADO

2 Port. 20 Min. Leicht

Zutaten

4 Eier
2 Avocados
Je 2 Prisen Salz & Pfeffer
1 TL Petersilie

Nährwerte p. P.

512 kcal
1 g Kohlenhydrate
50 g Fett
16 g Eiweiß

1 Heizen Sie den Backofen auf 180 Grad Ober- und Unterhitze oder auf 160 Grad Umluft vor.

2 Schneiden Sie die Avocados auf, entfernen Sie die Kerne. Die Mulden mit den Fingern etwas vergrößern und je ein Ei hineingeben. Mit Pfeffer und Salz nachwürzen.

3 Nehmen Sie ein Backblech und legen Sie dieses mit Backpapier aus. Vier Avocado-Hälften auf das Backblech legen und in den Ofen hineinschieben.

4 Backen Sie die Avocado-Hälften circa 20 Minuten, je nachdem, wie fest oder weich die Eier sein sollen.

5 Servieren Sie die Ofen-Avocados auf einem Teller und bestreuen Sie diese mit Petersilie.

KETOGENE PANCAKES

2 Port.

20 Min.

Leicht

Zutaten

4 Eier
120 g Frischkäse
2 EL Erythrit
2 TL Backpulver
Etwas Butter
100 g gemahlene Mandeln

Nährwerte p. P.

610 kcal
7 g Kohlenhydrate
52 g Fett
24 g Eiweiß

1 Nehmen Sie eine Schüssel und vermischen Sie alle Zutaten mit einem Handmixer zu einem glatten Teig.

2 Erhitzen Sie eine Pfanne mit etwa einem Teelöffel Butter und geben Sie ein paar Esslöffel Teig hinein. Backen Sie die Pancakes bei mittlerer Hitze jeweils 3 – 4 Minuten auf einer Seite und wenden Sie anschließend auf die andere.

3 Servieren Sie die Pancakes auf einem Teller und bestreuen Sie diese mit gehackten Mandeln. Optional können Sie diese mit etwas Heidelbeeren dekorieren.

SOMMER-BOWL

6 Port. 10 Min. Leicht

Zutaten

3 Avocados
½ Zitrone, unbehandelt
1 Vanilleschote
450 ml Kokosmilch
150 ml Mandelmilch
150 g Magerquark
3 EL Acai-Pulver
90 g Mandeln
90 g Pekannüsse
6 EL Kokosraspeln
3 Erdbeeren
Etwas Minze

Nährwerte p. P.

368 kcal
17 g Kohlenhydrate
25 g Fett
23 g Eiweiß

1 Halbieren Sie die Avocados und befreien Sie die Frucht vom Kern. Lösen Sie anschließend das Fruchtfleisch heraus.

2 Waschen Sie die Zitrone und reiben Sie die Schale ab. Pressen Sie den Saft aus. Schneiden Sie die Vanilleschote längs auf und kratzen Sie das Mark aus.

3 Avocados, Zitronenabrieb, Zitronensaft, Vanillemark, Kokosmilch, Mandeldrink, Magerquark und Acai-Pulver in einen Standmixer geben und auf einer hohen Stufe die Zutaten zu einer Masse mixen. Anschließend auf Schüsseln verteilen.

4 Hacken Sie Mandeln und Pekannüsse grob und rösten Sie diese in einer Pfanne, bis sie goldbraun sind.

5 Schneiden Sie die Erdbeeren in feine Scheiben.

6 Servieren Sie die Bowl mit gerösteten Nüssen, Kokosraspeln, Erdbeerscheiben sowie mit etwas Minze.

AVOCADO-OMELETT

 2 Port.  20 Min.  Leicht

Zutaten

4 Eier
40 ml Sahne
Je ½ Prise Muskatnuss, schwarzer Pfeffer & Salz
½ Avocado
½ Stange Frühlingszwiebel
1 Stiel Kerbelblättchen
1 EL Butter

Nährwerte p. P.

399 kcal
5 g Kohlenhydrate
35 g Fett
11 g Eiweiß

1 Nehmen Sie eine Schüssel und schlagen Sie die Eier in die Schüssel auf. Verquirlen Sie anschließend die Eier mit Sahne. Die Muskatnuss in die Masse reiben und mit Pfeffer und Salz abschmecken.

2 Befreien Sie in der Zwischenzeit die Avocado vom Kern, nehmen Sie vorsichtig das Fruchtfleisch mit einem Esslöffel heraus und schneiden Sie die Frucht in Scheiben.

3 Waschen Sie die Frühlingszwiebel und schneiden Sie diese in Röllchen. Die Kerbelblättchen waschen, trocken abtupfen und fein hacken.

4 Nehmen Sie eine Pfanne und zerlassen Sie darin etwas Butter. Die Eiermasse hineingießen und bei geringer Hitze stocken lassen, bis die Unterseite goldbraun ist. Anschließend auf die andere Seite wenden und ebenfalls garen. Damit die Omeletts warm bleiben, können Sie diese bei 70 Grad Ober- und Unterhitze im Backofen warm halten.

5 Dekorieren Sie anschließend die Omeletts mit Avocadoscheiben, Frühlingszwiebeln und Kerbelblättchen.

RÜHREI MIT KÄSE

4 Port.

20 Min.

Leicht

Zutaten

90 g entöltes Mandelmehl
30 g geschmolzene Butter (alternativ Kokosöl)
30 ml ungesüßte Mandelmilch
30 g Leinsamenmehl
2 Eier
½ TL Backpulver
2 Prisen Salz
Sesamsamen

Nährwerte p. P.

256 kcal
2 g Kohlenhydrate
22 g Fett
12 g Eiweiß

1 Nehmen Sie eine Schüssel und schlagen Sie die Eier auf. Verrühren Sie diese mit Milch und würzen Sie die Eiermasse mit Salz und Pfeffer.

2 Mit einer Küchenreibe Edamer und Emmentaler fein reiben und anschließend in die Eiermischung einrühren.

3 Die Frühlingszwiebeln gründlich säubern und in kleine Ringe schneiden.

4 Schmelzen Sie Butter in einer Pfanne und braten Sie anschließend die Frühlingszwiebeln circa 1 Minute in der geschmolzenen Butter an. Gießen Sie die Eiermischung hinein, rühren Sie diese kurz durch und lassen Sie die Mischung bei geringer Temperatur für 8 – 10 Minuten fest werden.

5 Währenddessen säubern Sie die Petersilie, tupfen diese mit einem Küchentuch trocken und zerkleinern diese fein.

6 Servieren Sie das Rührei auf dem Teller und garnieren Sie das Gericht mit frischer Petersilie.

GESUNDE FRÜHSTÜCKS-BOWL

2 Port.

15 Min.

Leicht

Zutaten Teig

200 g Thunfisch in eigenem Saft
1 Gurke
½ Zwiebel
4 EL Olivenöl
3 EL Balsamico-Essig
1 TL Zitronensaft
1 Prise Salz

Nährwerte p. P.

320 kcal
13 g Kohlenhydrate
29 g Fett
23 g Eiweiß

1 Die Avocados aufschneiden, mithilfe eines Löffels entkernen und das Fruchtfleisch in Würfel schneiden.

1 Tropfen Sie den Thunfisch ab und zerkleinern Sie diesen mit einer Gabel in kleinere Stücke.

2 Schälen Sie die Gurke und schneiden Sie diese in dünne Scheiben.

3 Die Zwiebel schälen, vierteln und in Ringe schneiden.

4 Geben Sie Balsamico-Essig, Olivenöl, Salz und Zitronensaft in eine große Schale und vermengen Sie alles gut miteinander.

5 Fügen Sie die restlichen Zutaten in die Schale und vermischen Sie diese gründlich miteinander.

6 Die fertige Bowl auf zwei Teller verteilen und genießen.

HAFERBREI MIT HIMBEEREN

 3 Port.

 20 Min.

 Leicht

Zutaten

450 ml Mandeldrink
1 Prise Vanillepulver
45 g Hanf-Samen
30 g Mandelmehl (teil-entölt)
45 g Kokosraspeln
3 TL Leinsamen
1 Prise Salz
30 g Mandelkerne
75 g frische Himbeeren (oder tiefgekühlt und aufgetaut)
3 EL Mandelmus
1 TL Sonnenblumen-kerne
1 TL Kürbiskerne

Nährwerte p. P.

444 kcal,
9 g Kohlenhydrate,
36 g Fett,
18 g Eiweiß

1 Erhitzen Sie Mandeldrink und Vanillepulver in einem Topf. Vermischen Sie Hanf-Samen, Mandelmehl, Kokosraspeln, Leinsamen und Salz und geben Sie alles zum Mandeldrink hinzu. Bei mittlerer Hitze circa 5 Minuten quellen lassen und gelegentlich umrühren.

2 Hacken Sie die Mandeln und waschen Sie die Himbeeren, tupfen Sie anschließend diese mit einem Küchentuch trocken.

3 Den Haferbrei auf Schälchen verteilen und mit gehackten Mandeln bestreuen. Mit Himbeeren, Mandelmus, Sonnenblumenkernen und Kürbiskernen dekorieren und genießen!

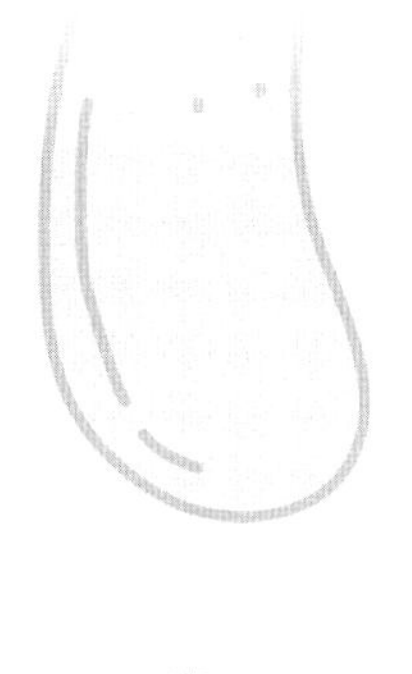

BREAKFAST MIT AVOCADO

2 Port. 15 Min. Leicht

Zutaten

2 Eier
4 Scheiben Bacon
2 EL Butter
2 Avocados

Nährwerte p. P.

412 kcal
1 g Kohlenhydrate
40 g Fett
8 g Eiweiß

1 Befreien Sie die Avocados vom Kern und nehmen Sie die Frucht vorsichtig aus der Schale. Schneiden Sie die Frucht in feine Streifen.

2 Nehmen Sie die Butter und heizen Sie diese in einer Pfanne auf. Legen Sie die Scheiben Bacon hinein und braten Sie diese, bis sie knusprig sind.

3 Schlagen Sie die Eier hinein und braten Sie die Spiegeleier bis zum gewünschten Ergebnis.

4 Servieren Sie anschließend die Avocados mit dem Bacon und dem Spiegelei auf den Tellern.

WAFFELN AUF KETOGENE ART

6 Port.

15 Min.

Leicht

Zutaten

75 g Mandelmehl
25 g Vanille-Proteinpulver
2 Eier
120 ml Mandelmilch
2 EL Kokosöl
1 Vanillebohne
2 EL Erythrit
½ EL Backpulver

Nährwerte p. P.

170 kcal
2 g Kohlenhydrate
14 g Fett
8 g Eiweiß

1 Vermischen Sie Mandelmehl, Vanille-Proteinpulver, Erythrit und Backpulver in einer Schale.

2 Schneiden Sie die Vanillebohne auf, befreien Sie das Mark und geben Sie es zu den Zutaten.

3 Fügen Sie Eier und Kokosöl zu den Zutaten hinzu und nach und nach unter ständigem Rühren die Mandelmilch.

4 Das Waffeleisen vorheizen und je 2 – 3 EL vom Teig auf das Waffeleisen geben. Jede Waffel circa 1 - 2 Minuten goldbraun backen.

5 Die Waffeln optional mit Himbeeren servieren.

FRÜHSTÜCKSBRÖTCHEN AUF KETOGENE ART

4 Port.

20 Min.

Mittel

Zutaten

90 g entöltes Mandelmehl
30 g geschmolzene Butter (alternativ Kokosöl)
30 ml ungesüßte Mandelmilch
30 g Leinsamenmehl
2 Eier
½ TL Backpulver
2 Prisen Salz
Sesamsamen

Nährwerte p. P.

207 kcal
1 g Kohlenhydrate
12 g Fett
18 g Eiweiß

1 Heizen Sie den Backofen auf 180 Grad Ober- und Unterhitze vor.

2 Nehmen Sie eine Schüssel und vermischen Sie Mandelmehl, geschmolzene Butter, Mandelmilch, Leinsamenmehl, Eier, Backpulver und Salz miteinander. Kneten Sie anschließend die Masse mit den Händen, bis ein gleichmäßiger Teig entsteht. Wenn der Teig zu klebrig ist, machen Sie die Hände etwas nass oder geben Sie noch etwas Mandelmehl hinzu.

3 Formen Sie den Teig zu vier Bällchen und bestreuen Sie diese mit Sesamsamen.

4 Nehmen Sie ein Backblech und legen Sie dieses mit Backpapier aus. Die Teigbällchen auf dem Backblech verteilen und mit der Hand etwas flach drücken.

5 Die Brötchen brauchen circa 15 Minuten zum Backen. Etwas größere benötigen 20 - 25 Minuten Backzeit.

6 Nehmen Sie die fertigen Brötchen zum Abkühlen heraus und servieren Sie diese anschließend mit Aufstrich oder Aufschnitt nach Wahl. Als Keto-Aufschnitt eignet sich gut Käse, Wurst oder Lachs.

KETO-FRÜSTÜCK-CHAFFLE

6 Port. 20 Min. Leicht

Zutaten Teig

4 Eier
100 g Frischkäse
100 g Kürbis, klein gehackt
¼ TL Salz
1 TL Vanille
4 EL Erythrit
2 EL Kürbiskuchen-Gewürz
20 g Kollagen
125 g Mozzarella

Zutaten Frischkäseglasur

2 EL Butter
2 EL Frischkäse
4 EL Erythrit
¼ TL Vanille
1 EL Sahne

Utensilien

Waffeleisen

Nährwerte p. P.

213 kcal
8 g Kohlenhydrate
15 g Fett
11 g Eiweiß

1 Erhitzen Sie das Waffeleisen.

2 Alle Zutaten in einen Standmixer geben und zu einer glatten Masse auf hoher Stufe mixen.

3 Für die Glasur alle Glasur-Zutaten in einen Kochtopf geben und bei schwacher Hitze kochen, bis die Masse glatt ist.

4 Den Teig in das Waffeleisen geben und gleichmäßig verteilen. Die Oberseite mit etwas Mozzarella bestreuen.

5 Die fertigen Waffeln mit Frischkäse-Glasur übergießen und servieren.

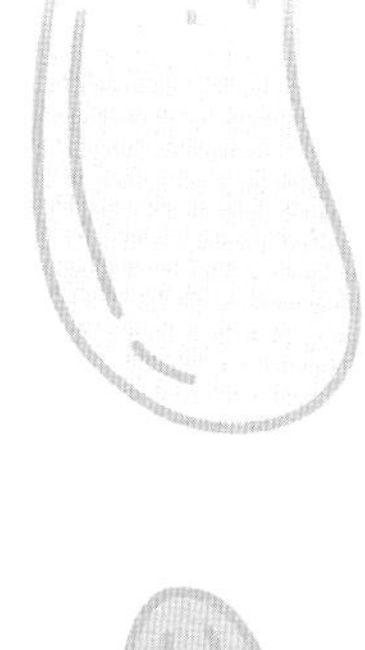

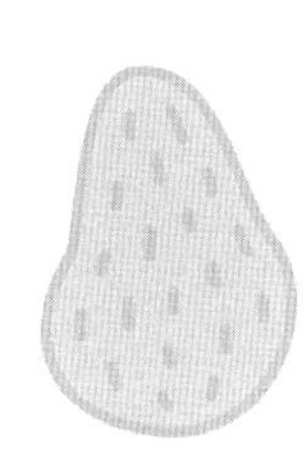

Salate

GEMISCHTER SALAT MIT HÄHNCHENBRUST

3 Port.

20 Min.

Leicht

Zutaten

150 g Hähnchenfilet
30 ml Kokosöl
2 Salatherzen
100 g Rucola
4 Stücke saure Gurken
2 Radieschen
5 kleine Tomaten
75 g Gouda, gewürfelt
Etwas Salz, Pfeffer & Kräuter

Nährwerte p. P.

291 kcal
5 g Kohlenhydrate
17 g Fett
18 g Eiweiß

1 Schneiden Sie das Hähnchenbrustfilet in dünne Streifen.

2 Geben Sie Kokosöl in eine heiße Pfanne und braten Sie die Hähnchenstreifen kurz an. Garen Sie die Streifen bei mittlerer Hitze vollständig.

3 In der Zwischenzeit Salatherzen und Rucola säubern, trocknen und in kleine Stücke zerteilen. Tomaten säubern und vierteln. Radieschen waschen und in feine Scheiben schneiden. Saure Gurken der Länge nach teilen und in kleine Stücke zerteilen.

4 Fügen Sie den gewürfelten Käse sowie die fertig gebratenen Hähnchenstreifen mit dem verbliebenen Kokosöl dem Salat hinzu.

5 Würzen Sie anschließend den Salat mit Salz, Pfeffer und Kräutern nach Ihrem Geschmack nach.

SCHNELLER SALAT MIT EI UND AVOCADO

2 Port.

15 Min.

Leicht

Zutaten

2 Avocados
4 Eier
40 ml Zitronensaft
100 g Senf

Nährwerte p. P.

719 kcal
3 g Kohlenhydrate
65 g Fett
22 g Eiweiß

1 Kochen Sie zunächst die Eier, bis sie hart sind, kühlen Sie diese anschließend gut ab und zerkleinern Sie sie.

2 Schneiden Sie die Avocados in kleine Würfel.

3 Vermischen Sie alles in einer großen Schüssel, teilen Sie den Salat auf zwei Teller auf und garnieren Sie diesen mit Zitronensaft und Senf.

VEGANER WURSTSALAT AUF KETOGENE ART

2 Port.

15 Min.

Leicht

Zutaten

250 g vegane Lyoner Wurst
1 Packung Feldsalat
4 EL vegane Mayonnaise
2 EL Soyananda, vegane Frischkäse-Alternative
1 EL Zitronensaft
Je ½ Bund Schnittlauch & Petersilie
2 Tomaten
1 Zucchini
1 EL Olivenöl
1 TL Senf
Etwas Salz & Pfeffer

1 Säubern Sie als Erstes die Zucchini, schneiden Sie diese in Scheiben und braten Sie die Zucchini in etwas Öl an. Schmecken Sie sie mit Salz und Pfeffer ab.

2 Reinigen Sie den Feldsalat und die Tomaten, zerkleinern Sie diese und richten Sie anschließend auf den Tellern an. Die geschnittenen Zucchini darauf platzieren.

3 Schneiden Sie die Lyoner in kleine Würfel und vermischen Sie diese mit Mayonnaise, Soyananda, Senf, Zitronensaft sowie mit Salz und Pfeffer.

4 Säubern Sie Schnittlauch und Petersilie, hacken Sie diese fein und breiten Sie die gehackten Zutaten über der Wurst und dem Salat aus.

Nährwerte p. P.

611 kcal
7 g Kohlenhydrate
45 g Fett
40 g Eiweiß

SPITZKOHL-SALAT MIT GRIECHISCHEM JOGHURT

2 Port.

20 Min.

Leicht

Zutaten

350 g Spitzkohl
2 EL Olivenöl
125 g Bacon-Würfel
100 g Kirschtomaten
50 g Paprika
1 Ei
40 g Mayonnaise
40 g griechischer Joghurt
2 TL Zitronensaft, frisch gepresst
1 TL Erythrit
20 g gehackte Walnüsse
Etwas Salz & Pfeffer

Nährwerte p. P.

628 kcal
10 g Kohlenhydrate
55 g Fett
20 g Eiweiß

1 Schneiden Sie zunächst den Spitzkohl in dünne Streifen. Gießen Sie über die Spitzkohlstreifen in einem Küchensieb 2 Liter heißes Wasser und stellen Sie diese zum Abkühlen.

2 Erwärmen Sie das Olivenöl in einer kleinen Pfanne und braten Sie die gewürfelten Baconstückchen für circa 1 – 2 Minuten.

3 Vierteln Sie die Kirschtomaten, schneiden Sie die Paprika in kleine Würfel.

4 Kochen Sie das Ei, bis es hart ist, und kühlen Sie es anschließend ab. Schneiden Sie das Ei in Scheiben.

5 Anschließend alle Zutaten in eine Salatschale geben und miteinander vermengen. Mit gehackten Walnüssen garnieren und mit Salz und Pfeffer würzen. Für einen besseren Geschmack etwas durchziehen lassen.

BUNTER SOMMER-SALAT MIT GARNELEN

2 Port.

15 Min.

Leicht

Zutaten Dressing

40 g Frischkäse
4 TL Limettensaft, frisch gepresst
2 EL Olivenöl
2 TL Senf, mittelscharf
1 EL Erythrit
4 TL Dill
Etwas Salz & Pfeffer

Zutaten Salat

200 g Party-Garnelen
200 g Avocado
200 g Kirschtomaten
30 g Walnüsse, gehackt

Nährwerte p. P.

624 kcal
6 g Kohlenhydrate
53 g Fett
26 g Eiweiß

1 Für das Dressing den Frischkäse zusammen mit dem frisch gepressten Saft der Limette, dem Olivenöl und dem Senf mithilfe eines Schneebesens vermengen.

2 Anschließend fügen Sie Erythrit sowie Dill hinzu und vermischen die Zutaten. Die Mischung mit Salz und Pfeffer nach Geschmack würzen.

3 Legen Sie die Garnelen zum Auftauen und tupfen Sie diese auf einem Küchenpapier ab.

4 Befreien Sie die Avocado vom Kern und würfeln Sie anschließend das Fruchtfleisch. Halbieren Sie die Kirschtomaten.

5 Mischen Sie die Zutaten für den Salat in einer Schüssel und heben Sie das fertige Dressing unter.

AVOCADO-LACHSCREME-SALAT

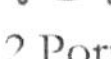
2 Port.

20 Min.

Leicht

Zutaten Lachscreme

125 g Stremellachs
150 g Avocado
100 g Frischkäse
25 ml Olivenöl
20 g Senf, mittelscharf
20 ml Limettensaft, frisch gepresst
Etwas Salz & Pfeffer

Zutaten Salat

1 Kopf Friséesalat (oder ein anderer Salat nach Wunsch)
100 g Kirschtomaten
30 g Walnüsse, gehackt

Nährwerte p. P.

683 kcal
5 g Kohlenhydrate
61 g Fett
25 g Eiweiß

1 Putzen Sie zunächst den Friséesalat und zupfen Sie diesen in Stücke. Halbieren Sie die Kirschtomaten. Schneiden Sie für die Lachscreme den Stremellachs in Stücke.

2 Befreien Sie die Avocado vom Kern und würfeln Sie anschließend das Fruchtfleisch.

3 Pürieren Sie den Stremellachs mit der Avocado und mit den anderen Zutaten für die Lachscreme mit einem Pürierstab oder in einem Standmixer, bis eine sämige Konsistenz erreicht ist. Würzen Sie diese anschließend mit Salz und Pfeffer.

4 Den Friséesalat mit Kirschtomaten in die Schüsseln verteilen und mit der Lachscreme servieren. Bestreuen Sie das Ganze mit gehackten Walnüssen.

VEGGIE-HACKFLEISCH-SALAT

 2 Port.  20 Min.  Leicht

Zutaten Dressing

100 g Sojajoghurt, zuckerfrei
25 g vegane Mayonnaise
1 TL Tomatenmark
1 TL Senf
1 TL Essig
Je 1 Prise Salz & Pfeffer

Zutaten Salat:

1 kleiner Eisbergsalat
250 g Veggie-Hackfleisch
2 kleine rote Zwiebeln
70 g saure Gurken
80 g Cheddar
3 Cocktailtomaten
1 EL Olivenöl
1 Paprika
Etwas Salz & Pfeffer

Nährwerte p. P.

490 kcal
14 g Kohlenhydrate
30 g Fett
40 g Eiweiß

1 Schneiden Sie zunächst eine rote Zwiebel in kleine Stücke und braten Sie diese in einer Pfanne mit etwas Öl an. Fügen Sie das vegane Hackfleisch hinzu und braten Sie es ebenfalls an.

2 Schneiden Sie die andere rote Zwiebel klein und geben Sie diese in eine Schüssel. Schneiden Sie Tomaten, Cheddar-Käse und Gurken ebenfalls in kleine Stückchen und fügen Sie diese hinzu.

3 Waschen und schneiden Sie den Eisbergsalat klein und geben Sie ihn ebenfalls in die Schüssel. Vermischen Sie das angebratene Veggie-Hackfleisch zusammen mit dem Salat.

4 Für das Dressing alle Zutaten in einer kleinen Schüssel miteinander verrühren und den Salat damit beträufeln.

SPARGEL-SALAT MIT MOZZARELLA UND BLAUBEEREN

8 Port.

20 Min.

Leicht

Zutaten

500 g Spargel
½ TL Knoblauchsalz
50 ml Olivenöl
150 g Zucchini
½ Gurke
300 g Cocktailtomaten
1 Avocado
80 g Blaubeeren
225 g Mozzarella
1 EL Zitronensaft
2 EL frisches Basilikum, gehackt
Etwas Salz & Pfeffer

Nährwerte p. P.

213 kcal
9 g Kohlenhydrate
17 g Fett
9 g Eiweiß

1 Heizen Sie den Ofen auf 190 Grad Ober- und Unterhitze oder auf 170 Grad Umluft vor.

2 Säubern und schälen Sie den Spargel. Schneiden Sie diesen anschließend in 1 cm große Stücke.

3 Fügen Sie den zerkleinerten Spargel in eine Pfanne, streuen Sie Knoblauchsalz darüber und fügen Sie 1 EL Olivenöl hinzu. Schwenken Sie die Pfanne, bis der Spargel vollständig bedeckt ist, und braten Sie diesen 10 Minuten.

4 Geben Sie den Spargel mit der Flüssigkeit in eine große Schüssel.

5 Hacken Sie die Zucchini und Gurke klein. Halbieren Sie die Tomaten und würfeln Sie die Avocado.

6 Zerkleinern Sie den Mozzarella in kleine Stückchen.

7 Fügen Sie zum Spargel Zucchini, Gurke, Tomate, Avocado, Blaubeeren, Mozzarella, Zitronensaft und Basilikum hinzu. Träufeln Sie das verbliebene Olivenöl über die Spargelmischung und rühren Sie alles gründlich um.

8 Würzen Sie das Ganze mit Salz und Pfeffer nach Belieben und servieren Sie den Salat auf Tellern.

SALAT AUS GEFLÜGEL-MIX

4 Port.

20 Min.

Leicht

Zutaten

700 g Hähnchenschenkel ohne Knochen
80 g Mayonnaise
30 g saure Sahne
Saft ½ Zitrone
2 Stangen Staudensellerie
25 g geschälte Pekannüsse
25 g Petersilie
25 g Schnittlauch
1 EL Kokosnussöl
Je 1 Prise Salz & Pfeffer

Nährwerte p. P.

481 kcal
2 g Kohlenhydrate
30 g Fett
48 g Eiweiß

1 Schneiden Sie das Hähnchen in mundgerechte Stücke.

2 Geben Sie Kokosöl in eine Pfanne bei mittlerer Temperatur und fügen Sie anschließend das geschnittene Hähnchen hinzu und warten Sie, bis das Hähnchen durchgegart ist. Falls Sie das Hähnchen lieber kochen möchten, können Sie es vorher in kleine Teile zerlegen und anschließend im heißen Wasser garziehen lassen. Die Dauer des Kochvorgangs hängt von der Größe der Fleischstücke ab.

3 Vermengen Sie alle aufgelisteten Zutaten, mit Ausnahme der Pekannüsse und des gekochten Hähnchens, gründlich in einer Schüssel. Die saure Sahne und die Mayonnaise sollen gleichmäßig verteilt sein.

4 Sobald alles gut vermischt ist, fügen Sie das Hähnchen hinzu und durchschwenken Sie die Zutaten. Fügen Sie die Pekannüsse hinzu und vermischen Sie alles erneut.

5 Servieren Sie den Salat am besten kalt.

SALAT-MIX NACH GRIECHISCHER ART

4 Port. 15 Min. Leicht

Zutaten

4 mittelgroße Tomaten
1 Gurke
1 grüne Paprika
1 rote Zwiebel
16 Oliven
35 g Kapern
1 TL getrockneter Oregano
120 ml Olivenöl
200 g Feta-Käse
Je 1 Prise Salz & Pfeffer
Etwas Kräuter nach Wahl: Petersilie, Koriander, Schnittlauch

Nährwerte p. P.

443 kcal
8 g Kohlenhydrate
41 g Fett
9 g Eiweiß

1 Waschen Sie Tomaten, Gurke und Paprika und schneiden Sie das Gemüse in grobe Stückchen.

2 Schneiden Sie die Zwiebel in Scheiben und geben Sie das Gemüse zusammen mit der Zwiebel in eine große Salatschüssel.

3 Ergänzen Sie anschließend Oliven, Kapern sowie die Hälfte des getrockneten Oregano in die Salatmischung und gießen Sie die halbe Menge des Olivenöls darüber. Vermengen Sie alles gründlich miteinander.

4 Platzieren Sie das gesamte Stück Feta-Käse auf der Mischung, bestreuen Sie es mit dem verbliebenen getrockneten Oregano und träufeln Sie das übrige Olivenöl darüber.

5 Anschließend können Sie den Salat nach Ihrem Geschmack würzen und direkt servieren. Der Salat lässt sich gut für weitere fünf Tage im Kühlschrank aufbewahren.

THUNFISCH-SALAT MIT WÜRZIGEM DRESSING

2 Port.

20 Min

Leicht

Zutaten

Dressing

15 g frische rote Zwiebeln
40 g Gewürzgurke ohne Zucker
1 EL Gurkenwasser
100 g Mayonnaise
50 g Crème fraîche
1 TL Worcestershiresauce
½ TL Cayennepfeffer
Je 1 Prise Salz & Pfeffer

Salat

30 g frische rote Zwiebeln
40 g frische Tomaten
80 g Salatgurke
80 g Römersalat
20 g Rucola
1 Dose Thunfisch

Nährwerte Salat p. P.

432 kcal,
5 g Kohlenhydrate,
46 g Fett,
23 g Eiweiß

Nährwerte Dressing p. P.

420 kcal,
1 g Kohlenhydrate,
45 g Fett,
1 g Eiweiß

Zubereitung Dressing:

1 Schneiden Sie die Zwiebel und die Gurke in kleine Stücke.

2 Nehmen Sie eine Schüssel und geben Sie die restlichen Zutaten hinein, verrühren Sie alles gut miteinander.

3 Würzen Sie anschließend das Dressing mit Salz und Pfeffer.

Zubereitung Salat:

1 Waschen Sie den Römersalat und den Rucola. Schneiden Sie den Römersalat in mundgerechte Stücke und zupfen Sie den Rucola klein. Vermischen Sie die Salate auf zwei Tellern.

2 Befreien Sie die Zwiebel von der Schale und teilen Sie diese in zwei Hälften. Schneiden Sie die Zwiebel anschließend in halbförmige Ringe.

3 Säubern Sie Tomaten und Gurke und zerteilen Sie die Tomate in grobe Würfel. Vierteln Sie die Gurke und schneiden Sie diese in Scheiben. Geben Sie das geschnittene Gemüse in eine Schüssel.

4 Gießen Sie den Thunfisch ab und fügen Sie diesen der Gemüsemischung hinzu. Vermengen Sie alles miteinander. Verteilen Sie die Thunfisch-Gemüsekombination auf die Salatportionen.

5 Geben Sie das würzige Dressing darüber und genießen Sie.

FRISCHER SALAT MIT OFEN-CAMEMBERT

2 Port.

20 Min.

Leicht

Zutaten

250 g Camembert, würzig
20 g Pekannüsse
20 g Paranüsse
2 TL Olivenöl
80 g Rucola und jungen Spinat, gemischt
Etwas Apfelessig
Etwas Salz & Pfeffer

Nährwerte p. P.

636 kcal
3 g Kohlenhydrate
56 g Fett
28 g Eiweiß

1 Heizen Sie den Ofen auf 195 Grad Ober- und Unterhitze oder auf 175 Grad Umluft vor.

2 Zerhacken Sie Pekannüsse und Paranüsse in grobe Stückchen und bestreuen Sie damit den Camembert. Beträufeln Sie diesen anschließend mit etwas Olivenöl.

3 Nehmen Sie eine feste Unterlage zum Backen und backen Sie den Camembert für 10 Minuten im Backofen auf mittlerer Stufe.

4 Säubern Sie den gemischten Salat.

5 Holen Sie den Camembert heraus und servieren Sie diesen auf den Tellern zusammen mit dem Salat.

6 Anschließend beträufeln Sie den Salat mit Olivenöl und Apfelessig und würzen das Ganze mit etwas Pfeffer und Salz.

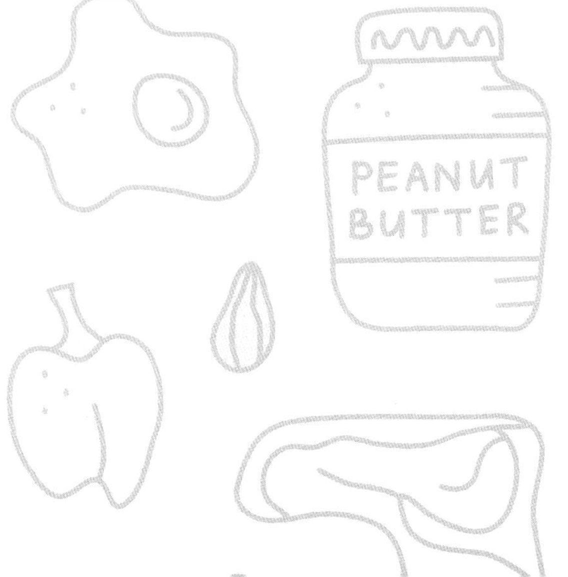

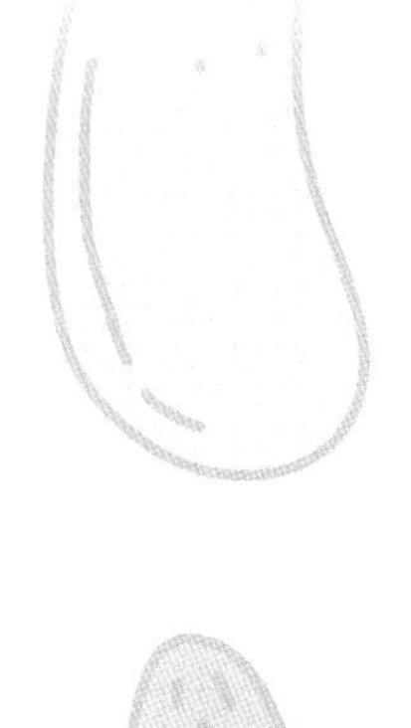

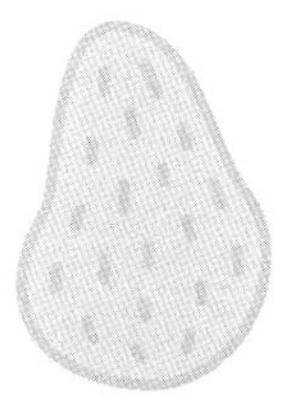

SALAT-MIX MIT MOZZARELLA UND PESTO

2 Port.

15 Min.

Leicht

Zutaten

3 Zucchini
250 g kleine Mozzarella-Kugeln
150 g Cherrytomaten
3 EL Basilikum-Pesto
2 EL Olivenöl
1 EL Zitronensaft, frisch gepresst
Etwas Salz & Pfeffer

Utensilien

Spiralschneider

Nährwerte p. P.

604 kcal
16 g Kohlenhydrate
47 g Fett,
31 g Eiweiß

1 Reinigen Sie gründlich die Zucchini und schneiden Sie diese mithilfe eines Spiralschneiders in feine Streifen.

2 Tropfen Sie die Mozzarella-Kugeln ab und teilen Sie diese in zwei große Hälften.

3 Säubern und schneiden Sie anschließend die Tomaten in vier Teile.

4 Geben Sie alle Zutaten gemeinsam mit dem Pesto in eine Salatschale. Fügen Sie Olivenöl hinzu und pressen Sie etwas Zitronensaft aus der Zitrone zu dem Salat. Vermengen Sie nun alles sorgfältig.

5 Würzen Sie den Salat mit etwas Salz und Pfeffer nach Ihrem Geschmack.

EIERSALAT AUF KETOGENE ART

4 Port. 20 Min. Leicht

Zutaten

10 Eier
200 ml Kefir
400 g Gurke
300 g Paprika
4 Gewürzgurken
Etwas Gurkenwasser
Etwas Salz & Pfeffer
Kräuter, Gewürze

Nährwerte p. P.

359 kcal
10 g Kohlenhydrate
23 g Fett
28 g Eiweiß

1 Kochen Sie zunächst die Eier, bis sie hart sind. Anschließend pellen Sie diese und mithilfe eines Eierschneiders zerteilen Sie die Eier in feine Würfel.

2 Gurke, Paprika und Gewürzgurken ebenfalls in kleine Würfel schneiden und gemeinsam mit den Eiern in eine Schüssel geben.

3 Fügen Sie Kefir hinzu, um eine angemessene Konsistenz zu erzielen. Geben Sie nun Gewürzgurkenwasser hinzu, um die Mischung zu würzen. Rühren Sie alles gründlich um und geben Sie bei Bedarf mehr Kefir oder Gurkenwasser hinzu.

4 Schmecken Sie das Gericht mit Salz, Pfeffer sowie weiteren Gewürzen und Kräutern nach Bedarf ab und verteilen Sie den Salat auf zwei Portionen.

Brote

KETOGENES OFENBROT

1 Port.

20 Min.

Leicht

Zutaten

40 g gemahlene Mandeln
5 g Chiasamen
½ TL Backpulver
1 Ei
1 Prise Salz

Nährwerte p. P.

172 kcal
2 g Kohlenhydrate
12 g Fett
7 g Eiweiß

1 Vermischen Sie gemahlene Mandeln, Chiasamen, Backpulver und Salz in einer Schale gründlich miteinander.

2 Fügen Sie Salz hinzu und vermengen Sie alles zu einem Teig.

3 Fetten Sie eine Tasse oder eine hitzebeständige Schale (circa 300 ml) ein und füllen Sie den Teig hinein.

4 Ofen auf 180 Grad Ober- und Unterhitze vorheizen und das Brot etwa 15 Minuten darin backen.

5 Anschließend das fertige Brot herausnehmen und abkühlen lassen.

Aufstriche, Cremes, Soßen und Dips

PAPRIKA-MOUSSE

8 Port.

10 Min.

Leicht

Zutaten

60 g Sauerrahm
115 g Mayonnaise
1 Tasse Pfefferstreifen, geröstet
1 TL Knoblauchpulver
Etwas Meersalz & Pfeffer, gemahlen

Nährwerte p. P.

115 kcal
2 g Kohlenhydrate
12 g Fett
0 g Eiweiß

1 Vermischen Sie in der Schüssel eines Standmixers Sauerrahm, Mayonnaise, geröstete Pfefferstreifen und Knoblauchpulver.

2 Würzen Sie die Masse mit Meersalz und Pfeffer nach Ihrem Geschmack.

3 Pürieren Sie die Mischung auf mittlerer Stufe, bis eine cremige Konsistenz entsteht.

KETO-KÄSE-DIP

8 Port.

10 Min.

Leicht

Zutaten

1 Zwiebel
200 g Camembert, in Stücken
30 g Butter
150 g Frischkäse
1 TL Paprika, edelsüß
3 Prisen Pfeffer
1 Prise Kümmel, gemahlen
Etwas Schnittlauch

Nährwerte p. P.

170 kcal
2 g Kohlenhydrate
16 g Fett
6 g Eiweiß

1 Halbieren Sie die Zwiebel und schneiden Sie diese in Ringe.

2 Geben Sie eine halbe Zwiebel in einen Mixtopf und zerkleinern Sie die für 3 Sekunden auf Stufe 5. Schieben Sie das Ganze anschließend mit einem Stapel nach unten.

3 Fügen Sie Camembert, Butter, Frischkäse, Paprika, Pfeffer und Kümmel hinzu und rühren Sie alles für weitere 10 Sekunden auf Stufe 3 um.

4 Garnieren Sie den Dip mit Zwiebelringen und Schnittlauchröllchen.

KETOGENES GENOVESE-PESTO

10 Port. 15 Min. Leicht

Zutaten

75 g gesalzene Pistazien
2 kleine Knoblauchzehen
1 Bund Basilikum
150 ml Olivenöl
50 g Parmesan
Etwas Salz & Pfeffer

Utensilien

Schraubgläser

Nährwerte p. P.

196 kcal
1 g Kohlenhydrate
19 g Fett
3 g Eiweiß

1 Entfernen Sie die Schalen von den Pistazien, geben Sie diese in eine beschichtete Pfanne und rösten Sie sie, bis diese bräunliche Farbe annehmen.

2 Fügen Sie einen Spritzer Olivenöl sowie Knoblauchzehen hinzu. Rösten Sie beides gut an und geben Sie nun diese Zutaten mit den restlichen Zutaten in einen Standmixer.

3 Vermischen Sie alles gründlich, bis eine cremige Masse entsteht. Verteilen Sie das fertige Pesto in heiß ausgespülte Schraubgläser.

FETA-DIP

2 Port.

5 Min.

Leicht

Zutaten

400 g Feta-Käse
400 g Naturfrischkäse
2 Stangen Lauchzwiebeln
2 Knoblauchzehen
Etwas Salz

Nährwerte p. P.

86 kcal
1 g Kohlenhydrate
3 g Fett
5 g Eiweiß

1 Vermischen Sie Feta-Käse und Frischkäse gründlich in einem Standmixer.

2 Reinigen und schneiden Sie die Lauchzwiebeln in feine Ringe. Schälen und zerkleinern Sie die Knoblauchzehen fein.

3 Kombinieren Sie nun alle Zutaten, würzen Sie diese mit Salz nach Geschmack und verteilen Sie den Dip auf zwei Schalen.

SIMPLER KRÄUTER-AUFSTRICH

2 Port. 5 Min. Leicht

Zutaten

200 g körniger Frischkäse
2 EL Schnittlauch, frisch
1 EL Petersilie, frisch
Etwas Salz & Pfeffer

Nährwerte p. P.

70 kcal
2 g Kohlenhydrate
1 g Fett
13 g Eiweiß

1 Geben Sie alle Zutaten, bis auf die Gewürze, in einen Standmixer und mixen Sie diese, bis eine cremige Masse daraus entsteht.

2 Würzen Sie anschließend den Kräuter-Aufstrich mit Salz und Pfeffer nach Geschmack.

BLUMENKOHL-MOUSSE

2 Port.

20 Min.

Leicht

Zutaten

500 g Blumenkohl
½ EL Margarine
1 Msp. Muskatnuss
Etwas Salz

Nährwerte p. P.

126 kcal
7 g Kohlenhydrate
6 g Fett
7 g Eiweiß

1 Garen Sie den Blumenkohl in einem Topf mit Wasser circa 15 Minuten, bis er weich ist.

2 Gießen Sie das Kochwasser ab und zerkleinern Sie den Blumenkohl mit einem Pürierstab direkt im Topf.

3 Fügen Sie zum Schluss Margarine hinzu und würzen Sie den Dip nach Belieben mit Salz und Muskatnuss.

KETOGENER ZAZIKI-AUFSTRICH

 6 Port.
 10 Min.
 Leicht

Zutaten

250 g griechischer Joghurt
3 Knoblauchzehen
100 g Gurke
1 EL Olivenöl
Etwas Salz & Pfeffer

Nährwerte p. P.

31 kcal
2 g Kohlenhydrate
1 g Fett
4 g Eiweiß

1 Schälen Sie die Gurke, entfernen Sie Kerne und raspeln Sie diese grob. Zerkleinern Sie den Knoblauch fein.

2 Anschließend griechischen Joghurt mit Olivenöl vermischen, Knoblauch sowie Salz und Pfeffer hinzufügen und zu einer cremigen Konsistenz verrühren.

3 Zum Schluss geraspelte Gurke unterrühren und die Creme servieren.

PESTO MIT WALNÜSSEN

4 Port.

15 Min.

Leicht

Zutaten

120 g Rucola
1 Prise Salz
2 Knoblauchzehen
50 g Walnüsse
100 ml Olivenöl
1 Prise Pfeffer

Nährwerte p. P.

315 kcal
6 g Kohlenhydrate
31 g Fett
3 g Eiweiß

1 Reinigen Sie zunächst den Rucola und zerkleinern Sie diesen grob.

2 Schälen Sie die Knoblauchzehen und zerkleinern diese fein.

3 Geben Sie den geschnittenen Rucola und die Knoblauchzehen in eine Schale und verfeinern Sie diese mit Salz. Fügen Sie nach und nach Olivenöl hinzu.

4 Salzen und pfeffern Sie die Masse und rühren Sie diese so lange um, bis eine cremige Konsistenz entsteht.

5 Bestreuen Sie das Ganze anschließend mit Walnüssen.

PROTEIN-AUFSTRICH MIT EI

3 Port.

20 Min.

Leicht

Zutaten

6 Eier
3 EL Mayonnaise
3 EL Joghurt
Etwas Schnittlauch, frisch
Etwas Salz

Nährwerte p. P.

233 kcal
3 g Kohlenhydrate
18 g Fett
16 g Eiweiß

1 Bringen Sie die Eier zum Kochen, bis sie durchgehend fest sind, und kühlen Sie diese im kalten Wasser ab.

2 Entfernen Sie die Eierschale und teilen Sie die Eier in zwei Hälften. Nehmen Sie das Eigelb heraus und vermengen Sie dieses zusammen mit Mayonnaise und Joghurt.

3 Das restliche Eiweiß in Stückchen schneiden und unter die gelbe Mischung heben.

4 Zum Abschluss den fertigen Eiaufstrich nach Geschmack mit Salz und frischem Schnittlauch abschmecken.

THUNFISCH-DIP

8 Port.

5 Min.

Leicht

Zutaten

10 g Petersilie
75 g Thunfisch, abgetropft
150 g Kräuterfrischkäse
7 g Tomatenmark
½ TL Kräutersalz

Nährwerte p. P.

56 kcal
0 g Kohlenhydrate
4 g Fett
3 g Eiweiß

1 Geben Sie die Petersilie in einen Standmixer und mixen Sie diese 6 Sekunden auf mittlerer Stufe.

2 Fügen Sie die restlichen Zutaten in den Standmixer hinzu und mixen Sie diese anschließend weitere 20 Sekunden auf mittlerer Stufe, bis eine cremige Konsistenz entsteht.

3 Verteilen Sie den fertigen Dip auf Schälchen.

CREMIGER AVOCADO-AUFSTRICH

3 Port.

10 Min.

Leicht

Zutaten

2 Avocados
60 ml Zitronensaft
120 ml Wasser
½ TL Knoblauchpulver
½ TL Zwiebeln, granuliert
1 TL Salz
1 Prise Pfeffer

Nährwerte p. P.

70 kcal
1 g Kohlenhydrate
8 g Fett
0 g Eiweiß

1 Teilen Sie die Avocados in zwei Hälften und befreien Sie diese vom Kern.

2 Das Fruchtfleisch, Salz, Pfeffer, Knoblauchpulver und Zwiebeln in einen Standmixer geben. Fügen Sie anschließend Zitronensaft hinzu.

3 Mixen Sie die Zutaten zunächst auf einer niedrigen Stufe. Während der Mixer läuft, fügen Sie langsam Wasser hinzu, bis die Creme die gewünschte Konsistenz hat. Bei Bedarf etwas mehr oder etwas weniger Wasser beifügen.

4 Mixen Sie die Zutaten eine weitere Minute, bis eine glatte Creme entsteht.

5 Verteilen Sie den fertigen Aufstrich auf Schälchen und würzen Sie bei Bedarf nach.

KRÄUTERCREME

4 Port.

10 Min.

Leicht

Zutaten

6 Stängel Petersilie, abgezupft
6 Stängel Kerbel, abgezupft
6 Stängel Dill, abgezupft
250 g Magerquark
200 g Frischkäse
60 ml Mineralwasser
¼ TL Salz
¼ TL Pfeffer
1 EL Olivenöl

Nährwerte p. P.

90 kcal
1 g Kohlenhydrate
4 g Fett
5 g Eiweiß

1 Geben Sie Petersilie, Kerbel und Dill in einen Standmixer und zerkleinern Sie diese für circa 3 Sekunden auf hoher Stufe.

2 Fügen Sie Schnittlauchröllchen, Quark, Frischkäse, Mineralwasser, Salz und Pfeffer hinzu und mixen Sie alles für 30 Sekunden auf niedriger Stufe.

3 Die fertige Creme anschließend mit etwas Olivenöl beträufeln und servieren.

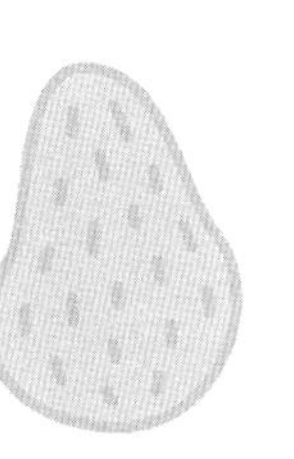

FRISCHKÄSE-ZITRONEN-DIP

4 Port.

10 Min.

Leicht

Zutaten

300 g griechischer Joghurt
200 g Feta-Käse
3 EL Olivenöl
2 Knoblauchzehen
1 Msp. Pfeffer
1 TL Zitronenschalenabrieb
½ TL Salz

Nährwerte p. P.

258 kcal
3 g Kohlenhydrate
25 g Fett
10 g Eiweiß

1 Zerbröckeln Sie den Feta-Käse und vermischen Sie diesen mit griechischem Joghurt.

2 Raspeln Sie die Zitronenschale und pressen Sie den Knoblauch aus.

3 Kombinieren Sie Zitronenschale und Knoblauch mit der Feta-Joghurt-Mischung und verrühren Sie alles gründlich mit Olivenöl, Salz und Pfeffer.

4 Servieren Sie den fertigen Dip anschließend in Schälchen.

Suppen

BROKKOLI-KOKOS-SAHNE-SUPPE

2 Port.

10 Min.

Leicht

Zutaten

600 g Brokkoli
100 ml Kokos-Cuisine
1 Zwiebel
40 g Butter
500 ml Gemüsebrühe
Etwas Salz & Pfeffer

Nährwerte p. P.

353 kcal
11 g Kohlenhydrate
26 g Fett
14 g Eiweiß

1 Hacken Sie die Zwiebel fein und braten Sie diese in einer Pfanne mit etwas Öl an.

2 Fügen Sie die Brokkoliröschen hinzu und übergießen Sie das Ganze mit Gemüsebrühe. Köcheln Sie die Mischung circa 10 Minuten.

3 Pürieren Sie anschließend alles und geben Sie die Sahne sowie Gewürze hinzu.

4 Für eine cremige Note fügen Sie Butter hinzu und rühren diese unter.

CREMIGE TOMATEN-BRÜHE

2 Port.

15 Min.

Leicht

Zutaten

400 g gehackte Tomaten
300 ml Gemüsebrühe
150 g Mascarpone
1 TL italienische Kräuter
½ TL Salz
½ TL Zwiebelpulver
¼ TL Knoblauchpulver
¼ TL Pfeffer
Etwas Basilikum

Nährwerte p. P.

367 kcal
9 g Kohlenhydrate
30 g Fett
6 g Eiweiß

1 Geben Sie alle Zutaten, außer Mascarpone, in einen Kochtopf und bringen Sie diese zum Kochen. Köcheln Sie die Zutaten 10 Minuten bei mittlerer Hitze.

2 Fügen Sie nun die Mascarpone hinzu, rühren Sie diese unter und köcheln Sie die Suppe erneut kurz auf.

3 Pürieren Sie die Suppe mit einem Handmixer und garnieren Sie diese optional mit etwas Basilikum.

JAPANISCHE KETO-SUPPE MIT TOFU

4 Port. 15 Min. Leicht

Zutaten

100 g Meeresspargel
350 g geräucherter Tofu
500 ml Fischfond
1 Prise Meersalz
½ TL Bockshornkleesaat
1 Prise Cayennepfeffer
1 TL Gemüsebrühe ohne Zuckerzusatz
100 ml kochendes Wasser
1 EL Erdnussöl

Nährwerte p. P.

160 kcal
2 g Kohlenhydrate
8 g Fett
17 g Eiweiß

1 Schneiden Sie den Tofu in kleine Stücke und braten Sie diesen im Erdnussöl in einem Kochtopf an. Würzen Sie das Ganze mit Meersalz.

2 Schneiden Sie den Meeresspargel ebenfalls klein und fügen Sie diesen zum Tofu hinzu.

3 Mischen Sie nun Cayennepfeffer, Bockshornkleesaat und Gemüsebrühe unter die Zutaten.

4 Fügen Sie Wasser und Fischfond hinzu und kochen Sie die Suppe einmal auf.

5 Servieren Sie die fertige Suppe auf den Tellern.

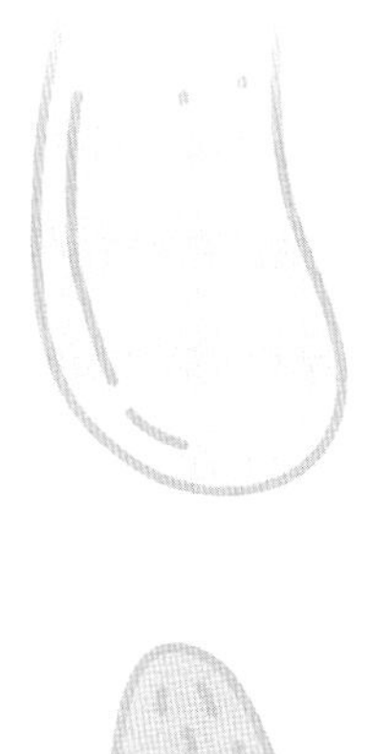

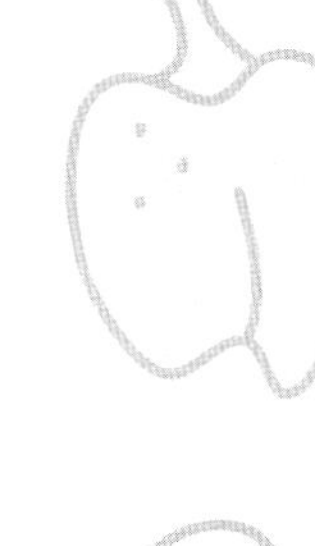

Hauptgerichte mit Fleisch

KLASSISCHES HÄHNCHEN MIT FETA

2 Port. | 20 Min. | Leicht

Zutaten

2 Knoblauchzehen
1 Zwiebel
2 TL Rapsöl
500 g Blattspinat
240 g Hähnchenbrust
60 g Feta-Käse
Je 2 Prisen Salz & Pfeffer

Nährwerte p. P.

324 kcal
9 g Kohlenhydrate
13 g Fett
41 g Eiweiß

1 Pressen Sie den Knoblauch und hacken Sie die Zwiebel fein, um diese anschließend in Rapsöl anzubraten.

2 Fügen Sie den Spinat hinzu. Je nachdem, ob Sie frischen Spinat oder Tiefkühlprodukt verwenden, lassen Sie diesen zusammenfallen oder unter ständigem Rühren auftauen.

3 Würzen Sie das Hähnchen mit Salz und Pfeffer und braten Sie es knusprig in einer separaten Pfanne mit dem restlichen Öl.

4 Verfeinern Sie Spinat mit Salz und Pfeffer, zerbröseln Sie Feta-Käse darüber und platzieren Sie das Fleisch vor dem Anrichten auf dem Feta-Spinat.

SCHWEINEFILET MIT BUNTEM GEMÜSE

2 Port.

20 Min.

Leicht

Zutaten

500 g Schweinekotelett
200 g Zucchini
Je 80 g Paprika, rot, gelb & grün
100 g Champignons
10 Stängel Thymian
4 EL Olivenöl
2 EL Butter
Je 1 Prise Meersalz & Pfeffer

Nährwerte p. P.

714 kcal
12 g Kohlenhydrate
48 g Fett
58 g Eiweiß

1 Reinigen Sie das Gemüse und tropfen Sie es ab. Schneiden Sie die Zucchini in diagonale Scheiben und die Paprika in Streifen. Säubern Sie die Champignons und teilen Sie diese in zwei Hälften. Reinigen Sie den Thymian und schütteln Sie diesen trocken.

2 In eine vorgeheizte Grillpfanne die Schweinekoteletts geben, Thymian hinzufügen und das Fleisch auf beiden Seiten grillen.

3 Erhitzen Sie Butter und Öl in einer zweiten Pfanne und braten Sie darin Zucchini, Paprika sowie Champignons. Würzen Sie das Gemüse mit Salz und Pfeffer und legen Sie es anschließend auf zwei Teller.

4 Würzen Sie das Schweinekotelett und servieren Sie es zusammen mit dem Gemüse.

PAK-CHOI-PFANNE MIT SCHINKEN

1 Port. 20 Min. Leicht

Zutaten

200 g Pak Choi
50 g Schinken, geräuchert
Je ½ TL Salz & Pfeffer
½ TL Chiliflocken
40 ml Olivenöl
40 ml Wasser

Nährwerte p. P.

247 kcal
1 g Kohlenhydrate
24 g Fett
6 g Eiweiß

1 Bereiten Sie den Pak Choi vor, indem Sie die kleinen Wurzeln an den Enden entfernen. Zerlegen Sie den Pak Choi in einzelne Blätter.

2 Schneiden Sie die Blätter in grobe Vierecke und waschen Sie diese in einem Sieb. Zerkleinern Sie den Schinken in etwa 1 × 1 cm große Quadrate.

3 Erwärmen Sie in einer Pfanne die Hälfte des Öls. Geben Sie den geschnittenen Pak Choi in die Pfanne und würzen Sie den Kohl. Den Pak Choi schmoren lassen, anschließend Wasser hinzufügen und weiter schmoren lassen.

4 In einer zweiten Pfanne die restliche Hälfte des Öls auf mittlerer Hitze erwärmen. Geben Sie den zerkleinerten Schinken hinein und braten Sie diesen etwas an, bis er Farbe annimmt.

5 Nach 5 - 6 Minuten den geschmorten Pak Choi in die Schinken-Pfanne hineingeben und alles gut durchmischen.

6 Die fertige Pak-Choi-Schinken-Pfanne auf Tellern servieren.

HÄHNCHEN-SPIEßE

4 Port. 20 Min. Leicht

Zutaten

400 g Hähnchenbrust
Etwas Salz
3 EL Öl
1 rote Chilischote
150 ml Kokosmilch
3 EL Erdnussbutter
1 EL helle Sojasoße

Nährwerte p. P.

298 kcal
4 g Kohlenhydrate
20 g Fett
26 g Eiweiß

1 Reinigen Sie das Hähnchen, trocknen Sie dieses und schneiden Sie es in feine Streifen. Stecken Sie das Fleisch wellenförmig auf Spieße und streuen Sie Salz darüber.

2 Erhitzen Sie 2 EL Öl in einer Pfanne und braten Sie die Spieße darin in zwei Durchgängen von jeder Seite 3 Minuten an.

3 Schneiden Sie die Chilischote der Länge nach auf, entfernen Sie die Kerne und hacken Sie diese klein.

4 Erhitzen Sie in einem Topf 1 EL Öl und braten Sie darin die Chili an. Fügen Sie Kokosmilch, Erdnussbutter und Sojasoße hinzu, mischen Sie alles gut durch und bringen Sie es zum Kochen.

5 Köcheln Sie die Soße 2 Minuten und servieren Sie diese anschließend zusammen mit den Spießen.

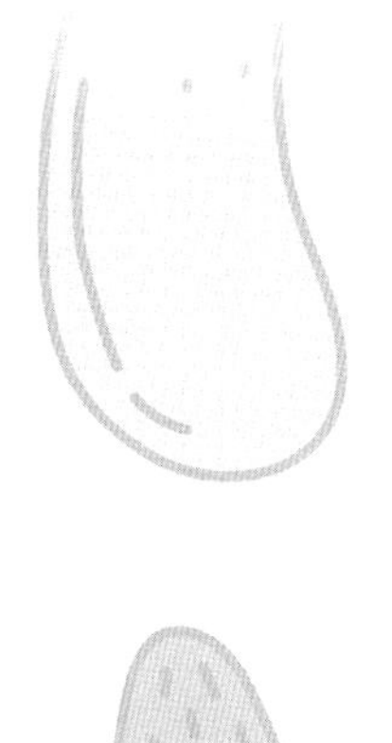
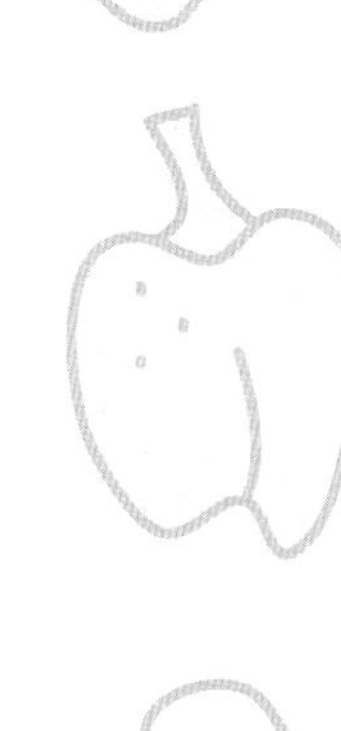

SCHNITZEL MIT TOMATEN-SALAT

 4 Port.  20 Min.  Leicht

Zutaten

2 Eier
40 g italienischer Hartkäse, gerieben
10 EL Öl
4 dünne Schweineschnitzel
Etwas Salz & Pfeffer
6 EL Essig
1 Prise Zucker
6 EL Olivenöl
800 g Tomaten
Etwas Petersilie

Nährwerte p. P.

581 kcal
9 g Kohlenhydrate
40 g Fett
43 g Eiweiß

1 Schlagen Sie die Eier und den Käse in einer Schüssel auf.

2 Erhitzen Sie Öl in einer Pfanne. Würzen Sie die Schweineschnitzel mit Salz und Pfeffer, tauchen Sie diese nacheinander in die Eier-Käse-Mischung und geben Sie das Fleisch sofort in das heiße Öl. Braten Sie es bei mittlerer Hitze auf jeder Seite 5 Minuten, bis diese goldbraun sind.

3 In der Zwischenzeit Essig, Salz, Pfeffer, Zucker und Olivenöl zusammenmischen.

4 Entfernen Sie den Stielansatz von den Tomaten und schneiden Sie die Tomaten in Spalten. Vermischen Sie diese mit gehackter Petersilie und der Vinaigrette.

5 Tropfen Sie die Schnitzel auf Küchenpapier ab und richten Sie das Fleisch mit geriebenem Hartkäse an.

6 Servieren Sie es zusammen mit dem Tomatensalat.

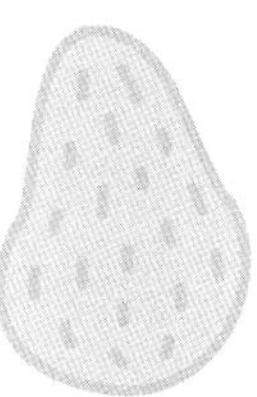

Hauptgerichte mit Fisch

THUNFISCH MIT BLUMENKOHLREIS

2 Port.

20 Min.

Leicht

Zutaten

200 g Thunfisch
200 g Tomatenstücke
1 Zwiebel
½ Knoblauchzehe
1 TL italienische Kräuter
2 Prisen Paprikapulver
Je 1 Prise Salz & Pfeffer
2 EL Kokosöl
500 g Blumenkohl
60 g Frischkäse

Nährwerte p. P.

385 kcal
18 g Kohlenhydrate
17 g Fett
32 g Eiweiß

1 Zerkleinern Sie den Blumenkohl und geben Sie diesen in einen Mixer. Verarbeiten Sie den Blumenkohl zu reisähnlichen Stückchen.

2 Füllen Sie den Reis in einen kleinen Kochtopf und gießen Sie Wasser hinzu, bis dieser leicht bedeckt ist. Der Blumenkohl soll köcheln, bis das Wasser verdunstet ist. Rühren Sie ihn gelegentlich um und prüfen Sie die Festigkeit.

3 Zerkleinern Sie die Zwiebel und hacken Sie den Knoblauch fein.

4 Braten Sie beides in Kokosöl in einer Pfanne, bis sie bräunlich sind. Geben Sie anschließend Thunfisch inklusive Saft sowie zerteilter Tomaten dazu.

5 Rühren Sie Frischkäse unter die Thunfisch-Masse. Schmecken Sie die Zutaten mit Kräutern ab und servieren Sie das Gericht anschließend auf den Tellern.

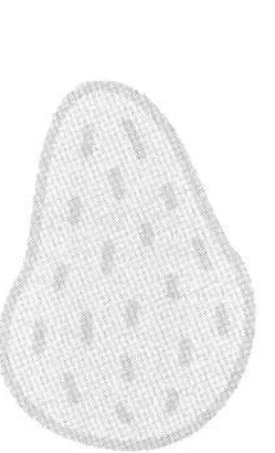

KETOGENER THAILAND-CURRY MIT LACHS

5 Port.

20 Min.

Mittel

Zutaten

500 g Lachs
400 g Kokosmilch
120 ml Brühe
1 EL Öl
50 g grüne Currypaste
2 TL Ingwer, gehackt
½ Zwiebel
½ rote Paprika
1 Kopf Baby Pak Choi
1 Tasse Shiitake-Pilze
60 g Basilikum
1 TL Salz
1 EL Fischsoße
1 EL Limettensaft
Schale von ½ Limette

1 Schneiden Sie den Pak Choi in dünne Streifen und die Shiitake-Pilze in dünne Scheiben.

2 Würfeln Sie die Paprika und die Zwiebel und hacken Sie den Ingwer klein.

3 Erhitzen Sie Öl in einer Pfanne auf mittlerer Stufe. Braten Sie Curry-Paste, Ingwer, Knoblauch und Zwiebel 5 Minuten an, bis diese aromatisch duften.

4 Geben Sie alle weiteren Zutaten hinzu, mit Ausnahme des Basilikums, und köcheln Sie das Ganze 5 - 6 Minuten, bis das Gemüse zart und der Lachs vollständig durchgegart ist.

5 Garnieren Sie zum Schluss das Gericht mit Basilikum.

Nährwerte p. P.

354 kcal
9 g Kohlenhydrate
25 g Fett
22 g Eiweiß

KABELJAU AUF KLASSISCHE ART MIT ZITRONE UND KRÄUTERN

4 Port. 15 Min. Leicht

Zutaten
750 g Kabeljaufilet
6 EL Butter, ungesalzen
¼ TL Knoblauchpulver
½ TL Salz
¼ TL gemahlener Pfeffer
¾ TL gemahlene Paprika
Ein paar Zitronenscheiben
Etwas Petersilie

Nährwerte p. P.
294 kcal
8 g Kohlenhydrate
20 g Fett
25 g Eiweiß

1 Mischen Sie die Gewürze in einer Schale zusammen. Zerteilen Sie den Kabeljau in kleinere Stücke und reiben Sie diese vollständig mit der Gewürzmischung ein.

2 Erhitzen Sie 2 EL Butter in einer Pfanne bei mittlerer Hitze. Geben Sie den gewürzten Fisch hinein und garen Sie diesen circa 2 Minuten.

3 Reduzieren Sie die Hitze, wenden Sie den Kabeljau, geben Sie die restliche Butter hinzu und kochen Sie ihn weitere 4 Minuten. Der Fisch soll durchgegart sein und die Butter komplett geschmolzen.

4 Träufeln Sie frischen Zitronensaft über den Fisch und bestreuen Sie ihn nach Wunsch mit frischen Kräutern.

MAKRELEN-BOWL MIT INGWER-DRESSING

2 Port.

20 Min.

Leicht

Zutaten Bowl

225 g Makrelenfilet
140 g Brokkoli
½ Zwiebel
1 EL Kokosöl
50 g Paprika
2 Tomaten, sonnengetrocknet
1 Handvoll Mandeln
4 EL pürierter Avocado-Hummus

Zutaten Marinade

1 EL Ingwer, gerieben
1 EL Zitronensaft
3 EL Olivenöl
1 EL Kokos-Aminos-Würzsoße
¼ TL Meersalz
Etwas Pfeffer

Nährwerte p. P.

632 kcal
8 g Kohlenhydrate
53 g Fett
26 g Eiweiß

1 Marinade-Zutaten in eine Schüssel geben und gut miteinander verrühren.

2 Den Ofen auf 200 Grad Ober- und Unterhitze oder auf 180 Grad Umluft vorheizen und ein Backblech mit Backpapier auslegen.

3 Tragen Sie die Hälfte des Dressings auf die Makrelenfilets auf und marinieren Sie diese. Platzieren Sie die Filets mit der Haut nach oben auf dem Backblech und backen Sie diese 10 – 12 Minuten, bis sie knusprig sind.

4 Rösten Sie separat Mandeln auf einem anderen Backblech circa 6 Minuten im Ofen, kühlen Sie diese anschließend ab und zerkleinern Sie diese.

5 Dünsten Sie Brokkoliröschen in einer Pfanne circa 5 Minuten. Zerkleinern Sie die Röschen oder zerdrücken Sie diese mit einer Gabel.

6 Hacken Sie Zwiebel und Paprika fein und erhitzen Sie Kokosöl in einer anderen Pfanne. Geben Sie das zerkleinerte Gemüse hinzu und braten Sie dieses bei mittlerer Hitze 3 Minuten.

7 Vermischen Sie Brokkoli mit den Tomaten, bis diese warm sind. Rühren Sie die restliche Marinade unter und vermengen Sie alles mit gehackten Mandeln sowie Avocado-Hummus. Servieren Sie zum Schluss Makrelen darauf.

Vegetarische Hauptgerichte

CHAMPIGNONS MIT CAMEMBERT

 4 Port.  20 Min.  Leicht

Zutaten

150 g Camembert-Creme
500 g Champignons
Etwas frische Petersilie

Nährwerte p. P.

187 kcal
5 g Kohlenhydrate
15 g Fett
10 g Eiweiß

1 Heizen Sie den Ofen auf 200 Grad Ober- und Unterhitze oder auf 180 Grad Umluft vor.

2 Putzen Sie die Pilze mit einer Bürste ab und entfernen Sie den Stiel.

3 Füllen Sie das Innere der Pilze mit Camembert-Creme und backen Sie diese auf einem Backblech im Ofen für circa 15 Minuten, bis die Creme goldbraun ist.

4 Hacken Sie anschließend frische Petersilie und streuen Sie diese über die gefüllten Champignons.

KETOGENE CIABATTA MIT GEBRATENEN PILZEN

4 Port.

20 Min.

leicht

Zutaten

700 g verschiedene Pilze
200 g Babyspinat
200 g Feldsalat
1 Avocado
100 ml Olivenöl
40 g Bärlauch
Etwas Limettensaft
Etwas Salz & Pfeffer
2 Prisen Erythrit
1 Ciabatta von Dr. Almond, kohlenhydratarm

Nährwerte p. P.

241 kcal
2 g Kohlenhydrate
21 g Fett
8 g Eiweiß

1 Backen Sie das Ciabatta nach Anleitung im Ofen.

2 Spülen Sie den Spinat und den Feldsalat ab und legen Sie alles in ein Sieb.

3 Reinigen Sie die Pilze, schneiden Sie diese klein und braten sie in einer Pfanne mit Olivenöl an. Würzen Sie die Pilze mit Salz, Pfeffer und Bärlauch. Stellen Sie diese anschließend zur Seite.

4 Halbieren Sie die Avocado, entfernen Sie den Kern, geben Sie das Fruchtfleisch von einer Hälfte in eine Schüssel und zerdrücken Sie es mit einer Gabel. Mischen Sie Salz, Pfeffer, Limettensaft und Erythrit dazu. Geben Sie nach und nach Olivenöl hinzu und rühren Sie bis zur gewünschten Konsistenz um.

5 Mischen Sie den Salat mit der Vinaigrette. Belegen Sie diesen anschließend mit Pilzen und servieren Sie zusammen mit Ciabatta.

ZUCCHINI-SPAGHETTI MIT AVOCADOCREME

2 Port.

20 Min.

leicht

Zutaten

1 Avocado
50 g Pinienkerne
5 Stiele Basilikum
400 g Zucchini
10 Kirschtomaten
1 Limette
1 Knoblauchzehe
100 ml Avocado-Öl
50 g Parmesan
Etwas Salz & Pfeffer

Utensilien

Spiralschneider

Nährwerte p. P.

824 kcal
7 g Kohlenhydrate
82 g Fett
17 g Eiweiß

1 Teilen Sie die Avocado in zwei Hälften, entfernen Sie den Kern und legen Sie das Fruchtfleisch in einen Mixer.

2 Fügen Sie Pinienkerne, Basilikum, Limettensaft, Knoblauch, Salz, Pfeffer und Avocado-Öl hinzu. Mixen Sie alles gründlich und mischen Sie anschließend Parmesan unter.

3 Reinigen Sie die Zucchini und schneiden Sie mithilfe eines Spiralschneiders oder mit einem scharfen Messer spaghettiförmige Streifen.

4 Blanchieren Sie diese kurz in Salzwasser, gießen Sie das Wasser anschließend ab und vermengen Sie die Spaghetti mit der Creme.

5 Servieren Sie das Gericht auf den Tellern und garnieren Sie es mit halbierten Kirschtomaten.

OMELETT MIT CHAMPIGNONS UND PAPRIKA

1 Port.

20 Min.

leicht

Zutaten

60 g Champignons
40 g Frühlingszwiebel
60 g Paprika
4 Eiweiße
1 TL Schnittlauchröllchen
50 g Butter
Etwas Salz & Pfeffer
Etwas Würzsoße

Nährwerte p. P.

490 kcal
7 g Kohlenhydrate
42 g Fett
22 g Eiweiß

1 Reinigen Sie die Champignons und schneiden Sie diese in Scheiben. Reinigen Sie die Frühlingszwiebel und schneiden Sie diese in Ringe.

2 Die Paprikaschote waschen, Kerne sowie Innenhaut entfernen und Paprika in kleine Würfel schneiden.

3 Schlagen Sie das Eiweiß auf und würzen Sie dieses mit Würzsoße und Pfeffer. Fügen Sie Schnittlauch hinzu.

4 Schmelzen Sie etwas Butter in einer Pfanne und braten Sie darin die Champignons, bis sämtliche Flüssigkeit verdampft ist.

5 Geben Sie das restliche Gemüse dazu und dünsten Sie alles bei mittlerer Hitze 4 Minuten.

6 Fügen Sie das Eiweiß hinzu und lassen Sie es stocken.

7 Schmecken Sie das Gericht nach Belieben mit etwas Salz und Pfeffer ab.

KÄSEPFANNE MIT WÜRZIGEM DRESSING

4 Port.

20 Min.

leicht

Zutaten

6 EL Weißweinessig
Etwas Salz & Pfeffer
1 TL Senf
1 EL Honig
4 EL Öl
2 rote Zwiebeln
1 Eichblattsalat
400 g Bergbauernkäse
200 g Gewürzgurken
1 Bund Petersilie

Nährwerte p. P.

520 kcal
7 g Kohlenhydrate
40 g Fett
29 g Eiweiß

1 Für das Dressing Essig, Pfeffer, Senf und Honig miteinander vermischen. Anschließend Öl einrühren.

2 Schälen Sie die Zwiebeln und zerteilen Sie diese in feine Spalten. Vermengen Sie diese mit dem Dressing.

3 Reinigen Sie den Eichblattsalat, waschen Sie diesen und teilen ihn in mundgerechte Stücke auf.

4 Den Käse in Streifenform schneiden und die Gurken in dünne Scheiben teilen.

5 Waschen Sie die Petersilie, nehmen Sie die Blätter ab und hacken Sie diese klein.

6 Alle vorbereiteten Zutaten mit dem Dressing durchmischen und servieren.

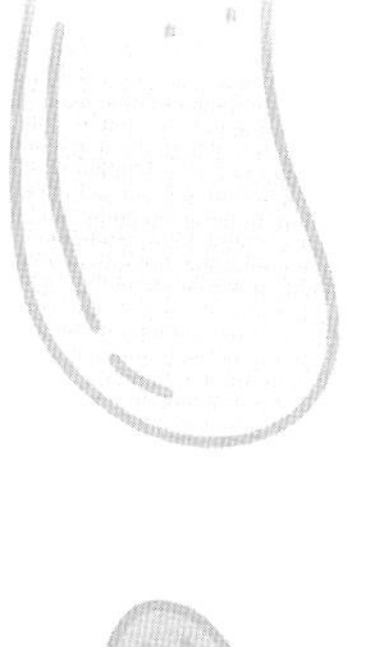

EIER MIT HÜTTENKÄSE

4 Port.

15 Min.

leicht

Zutaten

8 Eier
600 g Hüttenkäse
250 g Tomaten
50 g Essiggurken
1 EL Senf
Etwas Salz & Pfeffer
2 EL Zitronensaft

Nährwerte p. P.

256 kcal
9 g Kohlenhydrate
10 g Fett
30 g Eiweiß

1 Reinigen Sie die Tomaten und zerkleinern Sie diese in kleine Stücke. Schneiden Sie die Essiggurken in kleine Würfel.

2 Kochen Sie die Eier, sodass diese hart sind, und befreien Sie sie anschließend von der Schale. Würfeln Sie anschließend die Eier.

3 Vermengen Sie alle Zutaten gründlich miteinander und schmecken Sie diese mit Zitronensaft, Salz und Pfeffer ab.

Vegane Hauptgerichte

VEGGIE-HACKFLEISCH-GEMÜSEPFANNE

1 Port. 15 Min. Leicht

Zutaten

200 g Konjaknudeln
125 g Veggie-Hackfleisch
250 g TK Wok-Gemüse-Mix

Zutaten Soße

1 Prise Chunky Flavour Sweet Honey
10 g Light Peanut Creme
4 EL Sojasoße
5 g Speisestärke
100 ml Wasser

Nährwerte p. P.

396 kcal
30 g Kohlenhydrate
7 g Fett
44 g Eiweiß

1 Geben Sie das Veggie-Hackfleisch in eine vorgeheizte Pfanne, fügen Sie den Wok-Gemüse-Mix hinzu und lassen Sie das Ganze 5 Minuten heiß werden.

2 Bereiten Sie die Nudeln vor, indem Sie diese unter fließendem Wasser abspülen, diese benötigen kein Kochen.

3 Mischen Sie die Zutaten für die Soße und geben Sie diese in die Pfanne. Reduzieren Sie die Soße anschließend und sobald sie eingedickt ist, vermengen Sie die Soße mit den Nudeln.

4 Je nach Geschmack können gehackte Erdnüsse oder Sesam hinzugefügt werden.

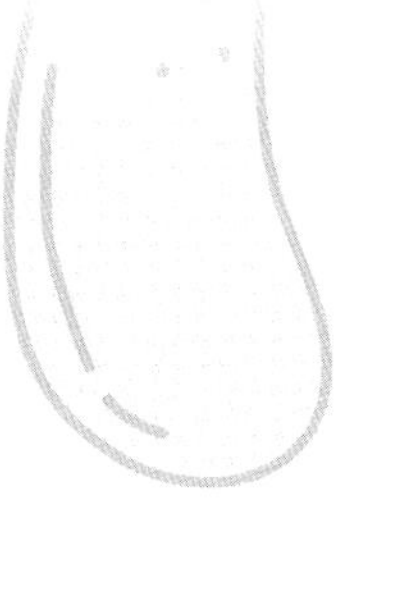

VEGGIE-RAMEN

2 Port. | 15 Min. | Leicht

Zutaten

255 g Naturtofu
2 EL Chilisoße
Frischer Ingwer
100 g Lauch
100 g Champignons
250 ml Gemüsebrühe
2 EL Sojasoße
Etwas Paprikapulver
1 TL Tahin
200 g Konjaknudeln
50 g Möhren
Frisches Basilikum
Etwas Limettensaft
Etwas Sesam

Nährwerte p. P.

236 kcal
13 g Kohlenhydrate
9 g Fett
15 g Eiweiß

1 Schneiden Sie den Tofu in Würfel und vermischen Sie diesen mit Chilisoße und mit einem Hauch von Ingwer, bevor Sie ihn in einer Pfanne mit etwas Öl rösten.

2 Schneiden Sie den Lauch in feine Ringe und die Pilze in dünne Scheiben. Geben Sie ihn zusammen mit etwas Öl und den Pilzen in eine Pfanne. Fügen Sie Gemüsebrühe, Sojasoße, Paprikapulver und Tahin hinzu und köcheln Sie das Ganze 10 Minuten.

3 Die Konjaknudeln sollen unter fließendem Wasser gründlich abgespült werden, bevor Sie diese zu der Mischung in der Pfanne dazugeben. Kochen Sie die Zutaten weitere 5 Minuten. Hin und wieder gut umrühren.

4 Servieren Sie die Ramen mit Tofu in einer Schüssel, garnieren Sie diese mit Möhrenstückchen, einem Spritzer Limettensaft und Basilikumblättern. Anschließend mit Sesam verzieren.

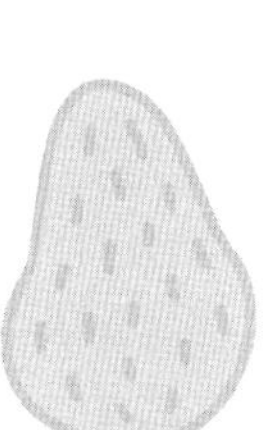

BBQ WINGS AUS BLUMENKOHL

 2 Port.
 15 Min.
 Leicht

Zutaten

450 g Blumenkohl, tiefgekühlt
30 g Mandelmehl
20 g Maisstärke
120 ml Mandelmilch
BBQ-Soße, ohne Zucker
Etwas Salz & Pfeffer

Nährwerte p. P.

175 kcal
16 g Kohlenhydrate
4 g Fett
14 g Eiweiß

1 Vermischen Sie Mandelmehl, Stärke und Mandelmilch in einer Schüssel und würzen Sie alles mit Salz und Pfeffer.

2 Anschließend den Blumenkohl auftauen, die Röschen in der vorbereiteten Marinade wenden und auf ein Backblech mit Backpapier legen.

3 Ofen auf 220 Grad Ober- und Unterhitze oder auf 200 Grad Umluft vorheizen und den Blumenkohl 15 Minuten backen.

4 Die fertigen Blumenkohl-Wings aus dem Ofen nehmen und großzügig mit BBQ-Soße bepinseln.

5 Anschließend weitere 10 Minuten im Ofen backen und zum Schluss auf den Tellern servieren.

TRADITIONELLER PAD THAI MIT TOFU

4 Port.

15 Min.

Leicht

Zutaten

800 g Konjaknudeln
2 TL Kokosöl
4 Frühlingszwiebeln
140 g Sojasprossen
4 Möhren
400 g Naturtofu
2 Limetten
8 EL Sojasoße
2 EL Sriracha-Soße
3 EL Agavendicksaft
Frischer Koriander
Ein paar Erdnüsse

Nährwerte p. P.

291 kcal
15 g Kohlenhydrate
13 g Fett
15 g Eiweiß

1 Schneiden Sie den Tofu in Würfel, schälen Sie die Möhren und schneiden Sie diese in dünne Scheiben.

2 Spülen Sie die Konjaknudeln gründlich ab und kochen Sie diese für 2 Minuten in einem Kochtopf mit siedendem Wasser.

3 Währenddessen Kokosöl in einer Pfanne erhitzen und bei hoher Temperatur die Möhren darin anbraten. Nach 5 Minuten den Tofu dazugeben.

4 Mischen Sie Sojasoße, Limettensaft, Agavendicksaft und Sriracha-Soße zusammen. Geben Sie anschließend die gekochten Nudeln und die Soße in die Pfanne.

5 Fügen Sie zum Schluss Sojasprossen und gehackte Frühlingszwiebeln hinzu und vermischen Sie alles gut miteinander.

6 Servieren Sie das Gericht mit frischem Koriander und gehackten Erdnüssen.

KETOGENE NUDELN MIT GRILLGEMÜSE

 2 Port.

 20 Min.

 Leicht

Zutaten

200 g Konjaknudeln
1 Zwiebel
1 Knoblauchzehe
150 g Zucchini
Je 100 g rote &b gelbe Paprika
1 EL Sesam
4 EL Sojasoße
Etwas Sesamöl
Etwas Salz, Pfeffer & Currypulver

Nährwerte p. P.

223 kcal
12 g Kohlenhydrate
13 g Fett
7 g Eiweiß

1 Reinigen Sie die Zucchini und die Paprika und zerteilen Sie diese in feine Streifen.

2 Hacken Sie die Zwiebel und den Knoblauch in kleine Würfel.

3 Geben Sie etwas Sesamöl in eine Pfanne und dünsten Sie die Zwiebel und den Knoblauch darin an.

4 Fügen Sie das Gemüse hinzu, würzen Sie alles mit Salz, Pfeffer und Currypulver und köcheln Sie die Zutaten 10 Minuten unter ständigem Rühren. Geben Sie die Sojasoße zur Mischung dazu.

5 Spülen Sie die Nudeln ab und vermischen Sie diese anschließend mit dem angebratenen Gemüse.

6 Rühren Sie Sesam unter und garen Sie alles noch weitere 2 Minuten.

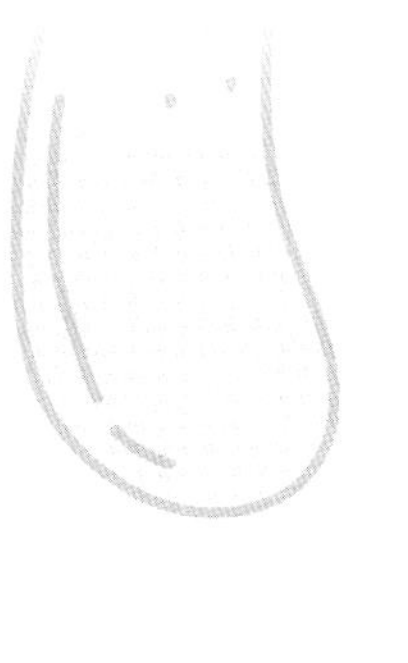

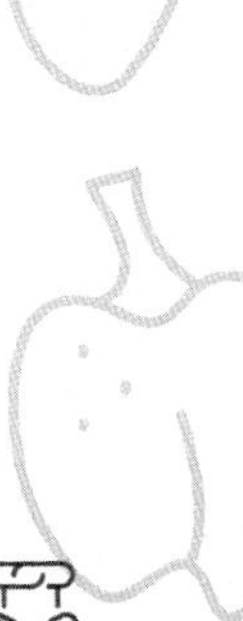

MEDITERRANE GRÜNKOHL-WRAPS

4 Port.

15 Min.

Leicht

Zutaten

4 große Kohlblätter
200 g veganer Hummus
1 Gurke
½ Paprika
1 Tomate
½ rote Zwiebel
1 Avocado

Nährwerte p. P.

207 kcal
12 g Kohlenhydrate
16 g Fett
3 g Eiweiß

1 Schneiden Sie mit einem Messer den mittleren Teil der Blattkohlstiele ab. Legen Sie die Kohlblätter aus und verteilen Sie jeweils 2 EL Hummus darauf. Dabei 2 cm Rand belassen, damit der Hummus nicht heraussickert.

2 Schneiden Sie die Gurke in kleine dünne Streifen. Paprika ebenfalls in dünne Scheiben schneiden.

3 Schälen Sie die Zwiebel und schneiden Sie diese in feine Ringe. Würfeln Sie die Tomate. Entkernen Sie die Avocado und schneiden Sie das Fruchtfleisch in Streifen.

4 Belegen Sie die Hummus-Kohlblätter mit Gurke, Paprika, Zwiebel, Tomate und Avocado. Legen Sie das ganze Gemüse der Länge nach senkrecht zur Blattlänge.

5 Wickeln Sie die Grünkohl-Wraps ein, beginnend mit der breiteren Seite. Schlagen Sie zuerst die Enden ein und rollen Sie das Ganze wie einen Burrito auf.

6 Die fertigen Wraps auf Tellern verteilen und genießen.

BROKKOLI MIT GERÖSTETEN MANDELN

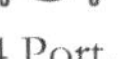 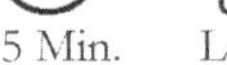

4 Port. 15 Min. Leicht

Zutaten

400 g Brokkoli
½ Petersilienwurzel
½ kleine Knoblauchzehe
1 Schalotte
½ EL Olivenöl
1 EL Mandeln, blanchiert
Etwas Salz & Pfeffer

Nährwerte p. P.

76 kcal
5 g Kohlenhydrate
4 g Fett
5 g Eiweiß

1 Schneiden Sie den Brokkoli und die Petersilie in mundgerechte Stücke. Pressen Sie den Knoblauch und würfeln Sie die Schalotte klein.

2 Dünsten Sie in einer Pfanne mit Öl Knoblauch und Zwiebel, bis diese durchsichtig sind.

3 Fügen Sie Mandeln, Brokkoli und Petersilie hinzu und garen Sie diese bei mittlerer Hitze mit 6 EL Wasser 5 – 10 Minuten, bis sie bissfest sind.

4 Würzen Sie anschließend das Gericht mit Pfeffer und Salz nach Geschmack.

TOFU MIT VEGANEM RÜHREI

4 Port.

20 Min.

Leicht

Zutaten

3 EL Rapsöl
400 g Tofu, natur
1 TL Schwarzsalz
1 TL gemahlene Kurkuma
Etwas Pfeffer
2 TL Grillsenf
50 ml Sojamilch, ungesüßt

Nährwerte p. P.

150 kcal
1 g Kohlenhydrate
13 g Fett
9 g Eiweiß

1 Zerkrümeln Sie den Tofu grob mit den Händen.

2 Erhitzen Sie Öl in einer Pfanne und braten Sie darin den Tofu bei mittlerer Hitze 5 - 7 Minuten, bis dieser leicht gebräunt ist. Rühren Sie ihn dabei hin und wieder um.

3 Würzen Sie den Tofu mit Schwarzsalz, Kurkuma und Pfeffer und braten Sie ihn weiterhin kurz an.

4 Fügen Sie anschließend Senf und Sojamilch hinzu und braten Sie die Zutaten weitere 2 - 3 Minuten. Das Endergebnis sollte die Konsistenz von feuchtem Rührei haben.

5 Nehmen Sie das vegane Rührei aus der Pfanne und servieren Sie dieses nach Wunsch mit Gemüse.

KNUSPRIGER BLUMENKOHL MIT KURKUMA

4 Port. 20 Min. Leicht

Zutaten

600 g Blumenkohl
1 TL Kurkuma
1 TL Meersalz
2 EL Röstzwiebeln
1 TL abgeriebene Orangenschale
½ TL brauner Zucker
½ TL Curry
Je ½ TL Meersalz & Pfeffer
½ TL Oregano, getrocknet
1 TL Sesamöl

Nährwerte p. P.

40 kcal
4 g Kohlenhydrate
2 g Fett
3 g Eiweiß

1 Säubern Sie den Blumenkohl und schneiden Sie diesen in Stückchen.

2 Bringen Sie eine ausreichende Menge Wasser zusammen mit Salz und Kurkuma zum Kochen und garen Sie darin den Blumenkohl circa 8 Minuten, bis er die gewünschte Konsistenz erreicht hat. Gießen Sie das Wasser ab und kühlen Sie den Blumenkohl ab.

3 Für die Gewürzmischung legen Sie die restlichen Zutaten auf ein großes Schneidebrett und zerkleinern Sie diese gleichmäßig mit einem Küchenmesser.

4 Vor dem Anrichten geben Sie etwas Sesamöl über den Blumenkohl und bestreuen Sie ihn großzügig mit der fertigen Gewürzmischung.

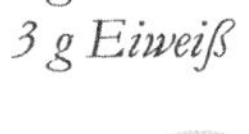

WÜRZIGE VEGANE KÜRBISRINGE VOM GRILL

8 Port.

20 Min.

Leicht

Zutaten

1 Butternusskürbis
Etwas Olivenöl zum Bepinseln
Etwas Meersalz & Pfeffer

Nährwerte p. P.

35 kcal
1 g Kohlenhydrate
3 g Fett
0 g Eiweiß

1 Entkernen Sie den Kürbis und schneiden Sie diesen in 0,5 cm breite Ringe.

2 Anschließend mit Öl bestreichen und in einer Grillschale 5 - 7 Minuten mit etwas Öl grillen. Für eine attraktive Röstfarbe kurz direkt auf den Grill legen.

3 Mit Salz und Pfeffer würzen, alternativ mit Salat oder einfach pur essen.

GEBRATENER ROSENKOHL

 2 Port.
 15 Min.
 Leicht

Zutaten

500 g frischer Rosenkohl
100 g vegane Sour Cream
2 EL Senf
1 EL Apfelessig
2 TL Erythrit

Nährwerte p. P.

234 kcal
14 g Kohlenhydrate
14 g Fett
10 g Eiweiß

1 Säubern Sie den Rosenkohl und kochen Sie diesen 10 Minuten in einem Kochtopf mit Wasser, bis dieser etwas weicher ist.

2 Das Kochwasser anschließend abgießen und den Rosenkohl bei mittlerer Hitze in einer Pfanne mit Olivenöl braten, bis er rundum gebräunt ist. Mit Salz und Pfeffer würzen.

3 Währenddessen die Soße anrühren. Hierfür vegane Sour Cream, Senf, Essig und Erythrit in eine Schüssel geben und gründlich vermischen.

4 Vor dem Servieren mischen Sie den Rosenkohl mit der Soße und servieren Sie das Gericht auf den Tellern. Kalt schmeckt es ebenfalls sehr gut.

Fingerfood und Snacks

SCHNELLE KÄSEPLÄTZCHEN AUF KETOGENE ART

10 Stk.

15 Min.

Leicht

Zutaten

150 g Hüttenkäse
100 g geraspelter Gouda
1 Ei
Je ¼ TL Salz & Pfeffer
Etwas Sesam

Nährwerte p. P.

59 kcal
0 g Kohlenhydrate
3 g Fett
4 g Eiweiß

1 Heizen Sie den Ofen auf 220 Grad Ober- und Unterhitze vor.

2 Mischen Sie alle Zutaten für die Plätzchen gründlich zusammen.

3 Verteilen Sie etwa 10 Teigkleckse mit einem Plätzchenportionierer oder mit einem Löffel auf einem mit Backpapier ausgelegten Backrost. Bestreuen Sie die Plätzchen mit Sesam.

4 Backen Sie diese circa 11 - 13 Minuten, bis sie goldbraun sind.

5 Anschließend die Plätzchen aus dem Ofen nehmen, abkühlen und servieren.

EIER MIT GRÜNER CREME

4 Port.

20 Min.

Leicht

Zutaten

60 g Kräutermischung
65 g Crème fraîche
10 g Zwiebeln
80 g Mayonnaise
12 ml Leinöl
3 g Senf
3 g Zitronensaft
4 Eier

Utensilien

Portionsschälchen

Nährwerte p. P.

211 kcal
2 g Kohlenhydrate
29 g Fett
7 g Eiweiß

1 Kochen Sie die Eier mit der Schale, bis diese hart sind.

2 Nehmen Sie die Kräutermischung, waschen Sie diese, tupfen Sie sie trocken und entfernen Sie die Blätter von den Stielen.

3 Hacken Sie diese fein und pürieren Sie die Kräuterblätter zusammen mit der Crème fraîche mithilfe eines Pürierstabs, fügen Sie die restlichen Zutaten hinzu und würzen Sie das Ganze mit Salz und Pfeffer.

4 Füllen Sie die Soße in kleine Portionsschälchen, schneiden Sie die Eier klein und legen Sie diese oben auf die Mischung.

MOZZARELLA-WRAPS MIT THUNFISCH

1 Port.

20 Min.

Leicht

Zutaten Salat

100 g Salat
40 g Tomaten
50 g Gurke

Zutaten Dressing

10 ml Olivenöl
30 ml Wasser
35 g Avocado
Saft von ½ Zitrone
Etwas Salz & Pfeffer

Zutaten Wrap

1 Mozzarella-Wrap, z. B. Bayernland
60 g Thunfisch
1 Frühlingszwiebel
½ TL Currypulver

Nährwerte p. P.

598 kcal
9 g Kohlenhydrate
43 g Fett
38 g Eiweiß

1 Waschen Sie den Salat und schneiden Sie die Tomaten sowie Gurke in Würfel, bevor Sie diese in eine Salatschüssel geben.

2 Für das Dressing alle Zutaten mit einem Pürierstab oder mit einem Mixer vermischen. Verteilen Sie das Dressing über dem Blattsalat.

3 Für die Wrapfüllung schneiden Sie die Frühlingszwiebel fein und mischen Sie diese mit Thunfisch, inklusive Öl und Gewürzen.

4 Rollen Sie den Mozzarella-Wrap aus, verteilen Sie die Füllung darauf und rollen Sie ihn wieder ein.

5 Schneiden Sie den zusammengerollten Wrap in Scheiben.

6 Legen Sie zum Schluss die Mozzarella-Wraps auf den Salat und servieren Sie diesen.

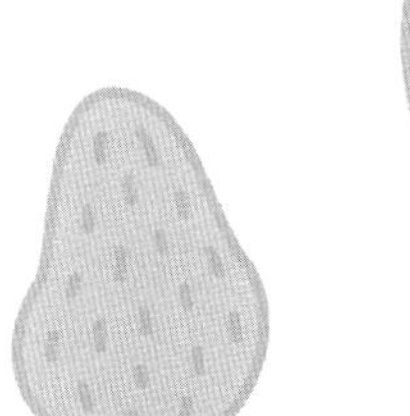

BACON-CHIPS

2 Port. 15 Min. Leicht

Zutaten

100 g Bacon-Speck
1 TL BBQ-Gewürz

Nährwerte p. P.

75 kcal
0 g Kohlenhydrate
6 g Fett
4 g Eiweiß

1 Heizen Sie den Ofen auf 220 Grad Ober- und Unterhitze oder auf 200 Grad Umluft vor. Legen Sie ein Backblech mit Backpapier aus.

2 Schneiden Sie die Scheiben Bacon in jeweils 3 Abschnitte und verteilen Sie diese auf dem Backblech.

3 Würzen Sie den Bacon mit BBQ-Gewürz und schieben Sie das vorbereitete Backblech in den Ofen. Backen Sie die Chips 10 Minuten.

4 Legen Sie die fertigen Bacon-Chips auf ein Küchenpapier, um überschüssiges Fett abtropfen zu lassen.

PARMESAN-CRACKER

2 Port. 15 Min. Leicht

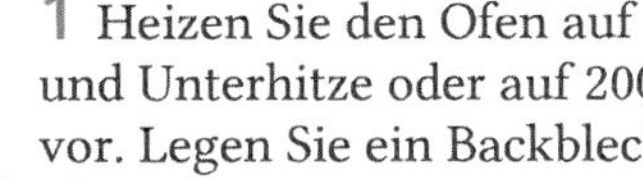

Zutaten

125 g Parmesan
Etwas BBQ-Gewürz

Nährwerte p. P.

118 kcal
0 g Kohlenhydrate
8 g Fett
11 g Eiweiß

1 Heizen Sie den Ofen auf 220 Grad Ober- und Unterhitze oder auf 200 Grad Umluft vor. Legen Sie ein Backblech mit Backpapier aus.

2 Reiben Sie den Parmesan und verteilen Sie diesen in Häufchen von etwa 5 cm Durchmesser auf dem Backblech. Würzen Sie diese nach Belieben mit BBQ-Gewürz.

3 Schieben Sie das Backblech in den Ofen und backen Sie die Cracker 10 Minuten.

4 Sobald der Käse geschmolzen ist und eine helle braune Farbe angenommen hat, sind die Cracker bereit zum Servieren.

PEANUT BUTTER

KETOGENE CHICKEN-MOZZARELLA-TASCHEN

2 Port.

10 Min.

Leicht

Zutaten

2 Mozzarella-Wraps, z. B. Bayernland
180 g Hühnchen, gekocht
50 g Buffalo-Soße
Etwas Salat
1 Frühlingszwiebel

Nährwerte p. P.

243 kcal
0 g Kohlenhydrate
16 g Fett
22 g Eiweiß

1 Vermischen Sie das Hühnchen mit der Buffalo-Soße.

2 Zerkleinern Sie die Frühlingszwiebel und mischen Sie diese unter das Hühnchen.

3 Rollen Sie die Mozzarella-Wraps auf und belegen Sie diese mit einem Hauch Salat. Verteilen Sie anschließend das Buffalo-Hühnchen darauf.

4 Wickeln Sie die Wraps wieder zu und schneiden Sie die zusammengerollten Wraps in Scheiben.

GEMÜSESTICKS MIT VERSCHIEDENEN DIPS

4 Port. 15 Min. Leicht

Zutaten

20 g frische Petersilie
200 g Frischkäse
150 g Joghurt, natur
Je 1 Prise Salz & Pfeffer
1 TL Tomatenmark
1 Prise Paprika, edelsüß
1 Prise Currypulver
2 gelbe Paprika
1 Gurke
4 Möhren

Nährwerte p. P.

181 kcal
24 g Kohlenhydrate
6 g Fett
11 g Eiweiß

1 Reinigen Sie die Petersilie, trocknen Sie diese ab, entfernen Sie die Blätter von dem Stängel und hacken Sie die Petersilie klein.

2 Frischkäse und Joghurt in einer Schüssel mischen, mit Salz und Pfeffer abschmecken und gleichmäßig auf drei Schalen verteilen.

3 Den ersten Dip mit Petersilie vermischen und nach Geschmack würzen.

4 Den zweiten Dip mit Tomatenmark anrühren und mit Paprikapulver verfeinern.

5 Den dritten Dip intensiv mit Curry vermengen und abschmecken.

6 Säubern Sie das Gemüse, halbieren Sie die Paprika, schälen Sie die Gurke, teilen Sie diese längs in Drittel und zerteilen Sie diese jeweils in Sticks.

7 Schälen Sie die Möhren und achteln Sie diese.

8 Servieren Sie die Sticks zusammen mit den Dips.

SELLERIESNACK MIT BRIE-AUFSTRICH

4 Port.

10 Min.

Leicht

Zutaten

1 Zitrone
200 g Brie
40 g Salzcracker
150 g Quark
Je 1 Prise Salz & Pfeffer
½ TL Paprika, edelsüß
1 Stangensellerie

Nährwerte p. P.

250 kcal
13 g Kohlenhydrate
15 g Fett
16 g Eiweiß

1 Schneiden Sie die Zitrone in zwei Hälften und pressen Sie den Saft aus.

2 Nehmen Sie eine Schüssel und zerkleinern Sie den Brie mit einer Gabel. Bröseln Sie die Cracker hinein und fügen Sie diese hinzu. Vermischen Sie die Zutaten mit Quark und würzen Sie die Mischung nach Geschmack mit Salz, Pfeffer, Paprikapulver und Zitronensaft.

3 Reinigen Sie den Stangensellerie, entfernen Sie die Enden und ziehen Sie die Fasern ab. Schneiden Sie die Sellerieblätter ab, hacken Sie diese fein und mischen Sie die Blätter unter den Aufstrich.

4 Servieren Sie den Brie-Aufstrich mit den Selleriestangen.

ITALIENISCHES MINI-RACLETTE

4 Port.

20 Min.

Leicht

Zutaten

½ Zucchini
100 g Cherrytomaten
10 g Basilikum
125 g Mozzarella
1 EL Olivenöl
1 Prise Salz

Utensilien

Raclette-Gerät

Nährwerte p. P.

116 kcal
2 g Kohlenhydrate
9 g Fett
8 g Eiweiß

1 Waschen Sie die Zucchini, entfernen Sie die Enden und schneiden Sie die Zucchini in Scheiben.

2 Reinigen Sie die Tomaten und halbieren Sie diese. Waschen Sie das Basilikum, befreien Sie es von den Stielen und zerteilen Sie es in Streifen.

3 Tropfen Sie den Mozzarella ab und zerreißen Sie ihn in Teile.

4 In einer Schüssel Mozzarella mit Basilikum vermischen, Olivenöl und Salz hinzufügen und alles miteinander vermengen.

5 Heizen Sie das Raclette-Gerät vor. Belegen Sie die Pfännchen mit den geschnittenen Zucchini und halbierten Tomaten. Verteilen Sie darüber den Basilikum-Mozzarella-Mix und überbacken Sie das Ganze 10 Minuten.

CHICORÉE-MUSCHELN MIT AVOCADO-KRUSTENSCHINKEN

4 Port.

20 Min.

Leicht

Zutaten

1 Chicorée
1 Zitrone
1 Knoblauchzehe
1 Avocado
4 EL Crème fraîche
Je 1 Prise Salz & Pfeffer
2 Scheiben Krustenschinken

Nährwerte p. P.

113 kcal
9 g Kohlenhydrate
9 g Fett
3 g Eiweiß

1 Trennen Sie die Chicoréeblätter vorsichtig ab, waschen Sie diese und lassen sie abtropfen.

2 Pressen Sie den Saft aus einer halbierten Zitrone. Schälen und hacken Sie den Knoblauch fein.Teilen Sie die Avocado, entfernen Sie den Kern und lösen Sie das Fruchtfleisch aus der Schale.

3 Zerdrücken Sie in einer Schüssel die Avocado zusammen mit dem Zitronensaft. Fügen Sie Crème fraîche und Knoblauch hinzu und rühren Sie alles gut durch. Würzen Sie die Mischung mit Salz und Pfeffer nach Geschmack.

4 Schneiden Sie den Krustenschinken in dünne Streifen. Geben Sie einen kleinen Klecks der Avocadocreme auf jedes Chicoréeblatt. Verteilen Sie den Krustenschinken darauf und servieren Sie die gefüllten Chicorée-Muscheln.

KETOGENE KÄSESTANGEN

18 Port.

20 Min.

Leicht

Zutaten

170 g geraspelter Käse
85 g gemahlene Mandeln
50 g Frischkäse
1 Ei
Etwas Salz
Etwas Sesam

Nährwerte p. P.

71 kcal
0 g Kohlenhydrate
5 g Fett
3 g Eiweiß

1 Heizen Sie den Ofen auf 220 Grad Ober- und Unterhitze vor.

2 Vermischen Sie alle Zutaten zu einem homogenen Teig. Formen Sie aus kleinen Mengen des Teigs lange dünne Rollen.

3 Legen Sie die Käsestangen auf ein mit Backpapier ausgelegtes Backgitter, bestreuen Sie diese mit Sesam und backen Sie die Stangen 10 - 12 Minuten, bis sie goldbraun sind.

4 Nach dem Backen die Käsestangen abkühlen und servieren.

Süßspeisen und Desserts

VEGANE KAKAO-KUGELN

14 Port.

20 Min.

Leicht

Zutaten

200 g Datteln
70 g Erdnüsse
70 g Sonnenblumenkerne
30 g Kakaopulver
1 TL Vanillezucker
1 TL Zimt
2 EL Chiasamen

Nährwerte p. P.

117 kcal
12 g Kohlenhydrate
3 g Fett
6 g Eiweiß

1 Geben Sie Datteln, Erdnüsse, Sonnenblumenkerne, Kakaopulver, Vanillezucker und Zimt in einen Küchenmixer. Mixen Sie die Zutaten circa 4 Minuten, bis diese sich zu einer leicht klebrigen Masse verbinden und sich daraus ein Ball formen lässt.

2 Fügen Sie anschließend Chiasamen hinzu und mixen Sie alles zusammen noch einmal kurz.

3 Formen Sie aus dem Teig circa 14 Kugeln mit 1 cm Durchmesser.

4 Es empfiehlt sich, die Kugeln für 60 Minuten im Kühlschrank abzukühlen, bevor diese serviert werden.

KETOGENE WAFFELN

5 Port. | 15 Min. | Leicht

Zutaten

3 Eier
30 g Mandelmus
25 ml Kokosöl, flüssig
3 EL Hüttenkäse, 20 % Fett
60 g Mehrkomponenten-Proteinpulver
½ TL Zimt
¼ TL gemahlene Vanille
½ TL Backpulver
Etwas Erythrit

Utensilien

Waffeleisen

Nährwerte p. P.

134 kcal
3 g Kohlenhydrate
9 g Fett
11 g Eiweiß

1 Vermengen Sie alle Zutaten gründlich in einem Mixer, um einen gleichmäßigen Teig zu erhalten. Süßen Sie ihn mit etwas Erythrit nach.

2 Bereiten Sie das Waffeleisen vor, indem Sie es ausreichend einfetten und auf mittlere Temperatur erhitzen.

3 Geben Sie je nach Größe des Eisens 3 – 4 EL des Teigs in die Mitte und verteilen Sie diesen gut.

4 Schließen Sie das Waffeleisen und backen Sie die Waffel 2 - 4 Minuten.

5 Die fertigen Waffeln auf den Tellern servieren.

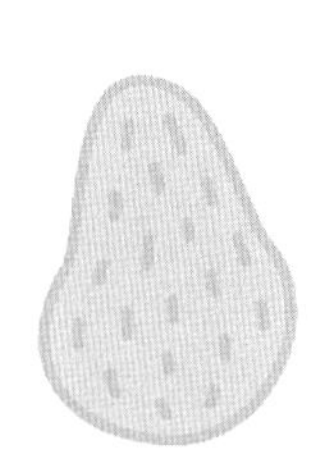

Getränke

HIMBEER-MINZE-SMOOTHIE

2 Port.

10 Min.

Leicht

Zutaten

125 g Himbeeren
50 g Naturjoghurt
25 g gemahlene Mandeln
25 g Haferflocken
1 Stängel Minze
100 ml Sojamilch
200 ml Wasser

Nährwerte p. P.

176 kcal
14 g Kohlenhydrate
9 g Fett
8 g Eiweiß

1 Spülen Sie die Himbeeren und tropfen Sie diese ab. Reinigen Sie die Stiele der Minze und zupfen Sie die Blätter ab. 4 Blätter zur späteren Verzierung beiseitelegen.

2 Geben Sie die restlichen Minzblätter zusammen mit Himbeeren, Joghurt, Mandeln und Haferflocken in einen Mixer.

3 Gießen Sie Sojamilch sowie 100 ml Wasser hinzu und pürieren Sie alles zu einer cremigen Masse. Falls der Smoothie zu dick erscheint, noch etwas Wasser hinzugeben und erneut mixen.

4 Füllen Sie den Smoothie in zwei Gläser und garnieren Sie diese mit ein paar Haferflocken und Minzblättern.

AVOCADO-SPINAT-SMOOTHIE

2 Port.

10 Min.

Leicht

Zutaten

480 ml Leitungswasser
240 g Babyspinat
120 g Koriander
Etwas Ingwer
½ Gurke
1 Zitrone
1 Avocado
40 g Proteinpulver

Nährwerte p. P.

148 kcal
6 g Kohlenhydrate
33 g Fett
15 g Eiweiß

1 Schneiden Sie die Gurke in Stücke. Schälen Sie den Ingwer und die Zitrone und schneiden Sie diese ebenfalls in kleine Stückchen.

2 Geben Sie anschließend die restlichen Zutaten zusammen mit den geschnittenen in einen Standmixer. Mixen Sie alles so lange, bis sich diese gut miteinander vermischt haben und eine cremige Masse entsteht.

3 Den Smoothie auf zwei Gläser verteilen und mit einem Babyspinat-Blatt dekorieren.

KETOGENER EIERLIKÖR

7 Port.

10 Min.

Leicht

Zutaten

150 ml Schafsmilch
100 ml Wasser
Etwas Vanille
½ Zitrone
10 g Kollagen
15 g Erdnussbutter
10 g Keto-Kaffeeweißer
1 EL Erythrit

Nährwerte p. P.

507 kcal
12 g Kohlenhydrate
34 g Fett
36 g Eiweiß

1 Erwärmen Sie in einem Kochtopf die Schafsmilch.

2 Geben Sie anschließend die restlichen Zutaten in einen Standmixer und fügen Sie während des Mixvorgangs langsam die warme Schafsmilch hinzu. Mixen Sie das Ganze auf mittlerer Stufe, bis eine cremige Konsistenz entsteht.

3 Anschließend auf Gläser verteilen und servieren.

LATTE MACCHIATO

2 Port. 10 Min. Leicht

Zutaten

60 ml Kokosöl
40 ml MCT Öl
200 ml kochendes Wasser
2 Eigelbe
400 ml Kaffee

Nährwerte p. P.

520 kcal
0 g Kohlenhydrate
56 g Fett
3 g Eiweiß

1 Kochen Sie Kaffee und lassen Sie diesen ziehen. Erhitzen Sie Wasser in einem Wasserkocher.

2 Kombinieren Sie Wasser, Kokosöl, MCT Öl und Eigelbe in einem Mixer und schäumen Sie alles auf, bis eine Eiermilch mit festem Milchschaum entsteht.

3 Gießen Sie das Ganze mit Kaffee in zwei Gläser.

WARMER SCHOKOGENUSS-KAKAO

4 Port.

10 Min.

Leicht

Zutaten

2 EL Butter
Etwas Pfeffer
Etwas Chiliflocken
Etwas Zimt
30 g Kakaopulver
400 ml Kokosmilch
150 ml Schlagsahne
250 ml Wasser

Nährwerte p. P.

406 kcal
5 g Kohlenhydrate
41 g Fett
5 g Eiweiß

1 Schmelzen Sie die Butter in einem erhitzten Kochtopf und rösten Sie Pfeffer sowie Chiliflocken darin 2 - 3 Minuten bei geringer Temperatur.

2 Geben Sie Zimt und Kakao dazu und löschen Sie das Ganze mit Kokosmilch sowie 250 ml Wasser ab.

3 Verquirlen Sie die Mischung mit einem Schneebesen und bringen Sie den Kakao einmal zum Kochen.

4 Schlagen Sie anschließend die Schlagsahne mit einem Handrührgerät auf. Verteilen Sie den Kakao auf vier Tassen und garnieren Sie ihn mit aufgeschlagener Sahne.

PROTEIN-ICE-TEA

1 Port.

15 Min.

Leicht

Zutaten

30 g Protein-Limonadenpulver
500 ml Wasser

Nährwerte p. P.

99 kcal
0 g Kohlenhydrate
0 g Fett
24 g Eiweiß

1 Vermischen Sie das Protein-Pulver gründlich mit 250 ml Wasser, am besten eignet sich dafür eine Mixflasche.

2 Fügen Sie die restliche Flüssigkeit hinzu und schütteln Sie es erneut durch.

3 Den Tee für 10 Minuten kalt stellen und anschließend in eine Tasse umgießen.

ZITRONEN-KURKUMA-TEE

1 Port.

10 Min.

Leicht

Zutaten

3 Scheiben Kurkuma
3 Scheiben Ingwer
150 ml Wasser
½ Zitrone

Nährwerte p. P.

26 kcal
6 g Kohlenhydrate
0 g Fett
1 g Eiweiß

1 Übergießen Sie die Scheiben von der Kurkuma und vom Ingwer mit heißem Wasser und lassen Sie diese 5 Minuten ziehen.

2 Anschließend den Saft einer halben Zitrone auspressen, hinzufügen und mit einem Löffel verrühren.

3 In eine Tasse aufgießen und genießen.

HIMBEER-FRAPPÉ

2 Port.

5 Min.

Leicht

Zutaten

300 ml Milch
100 ml Wasser
100 g Himbeeren
4 EL Proteinpulver
6 Eiswürfel

Nährwerte p. P.

217 kcal
15 g Kohlenhydrate
5 g Fett
29 g Eiweiß

1 Geben Sie Milch, Wasser, Himbeeren und Proteinpulver in einen Mixer und mixen Sie die Zutaten zu einer cremigen Masse.

2 Anschließend Eiswürfel hinzufügen und kalt genießen.

KETOGENER ERDBEER-MATCHA-SHAKE

2 Port.

5 Min.

Leicht

Zutaten

2 EL MCT Ölpulver
200 g Erdbeeren
480 ml Mandelmilch
1 EL Matcha-Grüntee-Pulver
50 ml Sahne
Etwas Erythrit

Nährwerte p. P.

181 kcal
4 g Kohlenhydrate
18 g Fett
2 g Eiweiß

1 Geben Sie die Erdbeeren in zwei hohe Gläser und zerdrücken Sie diese mithilfe eines Löffels.

2 Sahne und Milch in einer Rührschüssel oder in einem Mixer gut mixen. Fügen Sie nach Geschmack etwas Erythrit hinzu.

3 Die Hälfte der Mischung aufteilen und in jedes Glas über das Erdbeerpüree gießen.

4 MCT Ölpulver und Matcha-Tee-Pulver zur restlichen Milch-Sahne-Mischung geben und alles gut schütteln, bis sich das Pulver vollständig aufgelöst hat.

5 Die Mischung über die Milch-Sahne-Masse gießen, umrühren und servieren.

MATCHA-DRINK MIT MANDELMILCH

1 Port.

10 Min.

Leicht

Zutaten

½ TL Matcha
200 ml heißes Wasser
1 EL Kokosöl
20 g Weidebutter
20 g Collagen

Nährwerte p. P.

301 kcal
0 g Kohlenhydrate
25 g Fett
17 g Eiweiß

1 Geben Sie Matcha-Pulver und heißes Wasser in einen Mixer und mischen Sie die Zutaten.

2 Fügen Sie Kokosöl und die Butter hinzu und mixen Sie alles auf hoher Stufe, bis es schaumig ist.

3 Rühren Sie anschließend Collagen unter und verteilen Sie den fertigen Matcha auf zwei Gläser.

SCHOKO-NOUGAT-SHAKE

2 Port. 10 Min. Leicht

Zutaten

280 ml Wasser
2 TL Kakaopulver
30 g Haselnussmus
2 TL Erythrit
120 ml Sahne

Nährwerte p. P.

105 kcal
3 g Kohlenhydrate
6 g Fett
9 g Eiweiß

1 Geben Sie Wasser, Kakaopulver, Haselnussmus und Erythrit in einen Mixer und verarbeiten Sie die Zutaten 1 Minute auf hoher Stufe.

2 Schlagen Sie die Sahne leicht auf, bis diese eine dickflüssige und schaumige Konsistenz erreicht.

3 Verquirlen Sie ⅔ der Sahne mit dem vorbereiteten Milchshake.

4 Verteilen Sie das Getränk auf Gläser und garnieren Sie es mit der übrig gebliebenen schaumigen Sahne.

SCHNELLER ERDBEER-SHAKE

1 Port. 10 Min. Leicht

Zutaten

200 ml Sojamilch
150 g Erdbeeren
30 g Eiweißpulver, neutral

Nährwerte p. P.

224 kcal
11 g Kohlenhydrate
5 g Fett
30 g Eiweiß

1 Geben Sie alle Zutaten in einen Mixer und pürieren Sie diese auf hoher Stufe, bis sich eine leicht cremige Konsistenz bildet.

2 Gießen Sie den fertigen Milchshake in ein Glas und genießen Sie ihn.

KETOGENER SOJADRINK

2 Port.

20 Min.

Leicht

Zutaten

400 ml Sojamilch
2 EL Proteinpulver
2 EL Leinsamen, geschrotet
1 EL Walnussöl
Etwas Erythrit

Nährwerte p. P.

218 kcal
5 g Kohlenhydrate
13 g Fett
17 g Eiweiß

1 Geben Sie alle Zutaten in einen Mixer und mixen Sie diese auf hoher Stufe, bis eine schaumige und cremige Masse entsteht.

2 Den fertigen Sojadrink auf zwei Gläser verteilen und genießen.

CREMIGER KAFFEE-SHAKE

1 Port.

20 Min.

Leicht

Zutaten

75 ml kalter Kaffee
75 ml Mandelmilch
1 EL Proteinpulver
Eiswürfel
Etwas Süße nach Bedarf

Nährwerte p. P.

75 kcal
4 g Kohlenhydrate
1 g Fett
9 g Eiweiß

1 Geben Sie Kaffee, Proteinpulver und Mandelmilch in einen Mixer und mixen Sie die Zutaten auf hoher Stufe, bis eine cremige Masse entsteht.

2 Bei Bedarf mit Süße abschmecken, Eiswürfel hinzufügen und servieren.

FRISCHE SOMMERSCHORLE

4 Port.

15 Min.

Leicht

Zutaten

500 g Erdbeeren
4 Stängel Minze
1 L Mineralwasser
1 EL frisch gepresster Zitronensaft
1 EL Erythrit
200 ml Leitungswasser

Nährwerte p. P.

47 kcal
10 g Kohlenhydrate
0 g Fett
1 g Eiweiß

1 Reinigen und zerkleinern Sie die Erdbeeren und schneiden Sie diese in kleine Stücke.

2 Die Hälfte der Erdbeeren mit frischem Leitungswasser kombinieren und in einen Mixer geben. Verwenden Sie einen Stabmixer, um ein glattes Püree zu bekommen.

3 Nehmen Sie eine Schüssel und platzieren Sie ein Sieb darauf. Legen Sie ein Tuch auf das Sieb und gießen Sie die Erdbeermischung auf das Tuch, lassen Sie die Flüssigkeit abtropfen und drücken Sie das Tuch anschließend gut aus. Füllen Sie den gewonnenen Erdbeersaft in eine Glaskaraffe.

4 Waschen und trocknen Sie die Minze, zupfen Sie die Blätter ab. Geben Sie die übrigen Erdbeerstücke, Mineralwasser, Minzblätter, Erythrit und Zitronensaft zur Karaffe hinzu und rühren Sie alles gut durch.

5 Das fertige Getränk am besten kalt stellen und Eiswürfel hinzufügen.

FRUCHTIGES ERDBEERWASSER

5 Port.

10 Min.

Leicht

Zutaten

1 L Mineralwasser
1 Zitrone
1 Limette
200 g Erdbeeren
4 Stängel Minze
Eiswürfel

Nährwerte p. P.

25 kcal
4 g Kohlenhydrate
1 g Fett
1 g Eiweiß

1 Reinigen Sie die Erdbeeren, nehmen Sie die Hälfte davon und zerkleinern Sie diese mit einem Stabmixer in einem Mixbecher. Wenn gewünscht, die Mischung durch ein Sieb sieben, um Kerne und Fruchtstücke zu entfernen.

2 Die restlichen Erdbeeren in vier Teile schneiden. Waschen Sie die Zitrone im heißen Wasser und trocknen Sie diese ab, bevor Sie die Zitrone in Scheiben schneiden. Halbieren Sie die Limette und pressen Sie den Saft aus.

3 Geben Sie das vorbereitete Erdbeerpüree in einen Krug und füllen Sie es mit Mineralwasser auf.

4 Fügen Sie anschließend Limettensaft, Minze, Zitronenscheiben, Rest der Erdbeeren und Eiswürfel hinzu und servieren Sie es.

28-Tage Ernährungsplan

	Frühstück	Mittagessen	Abendessen
Montag	Ofen-Avocado	Gemsichter Salat mi tHähnchenbrust	Brokkoli-Kokos-Sahne-Suppe
Dienstag	Selleriesnack mit Brie-Aufstrich	Brokkoli-Kokos-Sahne-Suppe	Salat-Mix nach griechischer Art
Mittwoch	Sommer-Bowl	Klassisches Hähnchen mit Feta	Eiersalat auf ketogene Art
Donnerstag	Rührei mit Käse	Thunfisch mit Blumenkohlreis	Thunfisch-Salat mit würzigem Dressing
Freitag	Breakfast mit Avocado	Champignons mit Camembert	Cremige Tomaten-Brühe
Samstag	Haferbrei mit Himbeeren	Veggi-Hackfleisch-Gemüsepfanne	Schnitzel mit Tomaten-Salat
Sonntag	Waffeln auf ketogene Art	Schnelle Käseplätzchen auf ketogene Art	Makrelen Bowl mit Ingwer-Dressing

Montag	Waffeln auf kato-gene Art	Käsepfanne mit würzigem Dressing	Eier mit Hütten-käse
Dienstag	Ofen-Avocado	Himbeer-Minze-Smoothie	Gebratener Rosen-kohl
Mittwoch	Protein-Aufstrich mit Ei	Schneller Salat mit Ei und Avocado	Italienisches Mini-Raclette
Donnerstag	Rührei mit Käse	Cremige Tomaten-Brühe	Salat-Mix mit Moz-zarella und Pesto
Freitag	Ketogene Käse-stangen	Schweinefilet mit buntem Gemüse	Frischer Salat mit Ofen-Camembert
Samstag	Waffeln auf keto-gene Art	Kletogener Thai-land-Curry mit Lachs	Hähnchen-Spieße
Sonntag	Sommer-Bowl	Katogene Ciabatta mit gebratenen Pil-zen	Salat-Mix mit Moz-zarella und Pesto

Montag	Keto-Frühstück-Chaffle	Veggi-Ramen	Tunfisch mit Blumenkohlreis
Dienstag	Kräutercreme	Eier mit grüner Creme	Eiersalat auf ketogene Art
Mittwoch	Breakfast mit Avocado	Avocado-Spinat-Smoothie	Omelett mit Champignons und Paprika
Donnerstag	Gesunde Frühstücks-Bowl	Veganer Wurstsalat auf ketogene Art	Würzige Vegane Kürbisringe vom Grill
Freitag	Waffeln auf ketogene Art	Knuspriger Blumenkohl mit Kurkuma	Veggi-Hackfleisch-Salat
Samstag	Feta-Dip	Feta-Dip	Blumenkohl-Mousse
Sonntag	Ketogenes Ofenbrot	Japanische Keto-Suppe mit Tofu	Pak-Choi-Pfanne mit Schinken

Montag	Haferbrei mit Himbeeren	Gebratener Rosenkohl	Thunfisch-Salat mit würzigem Dressing
Dienstag	Omelett mit Champignons und Paprika	Schnitzel mit Tomaten-Salat	Cremige Tomaten-Brühe
Mittwoch	Avocado-Omelett	Kabeljau auf klassische Art mit Zitrone und Kräutern	Käsepfanne mit würzigem Dressing
Donnerstag	Eier mit Hüttenkäse	Zucchini-Spaghetti mit Avocadocreme	Brokkoli-Kokos-Sahne-Suppe
Freitag	Keto-Frühstück-Chaffle	BBQ Wings aus Blumenkohl	Salat-Mix nach griechischer Art
Samstag	Haferbrei mit Himbeeren	Mozzarella-Wraps mit Tunfisch	Tofu mit Rührei
Sonntag	Frühstücksbrötchen auf ketogene Art	Protein-Ice-Tea	Frischer Salat mit Ofen-Camembert